Klauer Fricke Herbig
Rupprecht Schott

Lehrzielorientierte Leistungsmessung

Studien zur Lehrforschung

Herausgeber: Prof. Dr. Karl Josef Klauer
Prof. Dr. Hans-Joachim Kornadt

Band 17

K. J. Klauer, R. Fricke, M. Herbig, H. Rupprecht, F. Schott

Lehrzielorientierte Leistungsmessung

Pädagogischer Verlag Schwann Düsseldorf

Inhalt

Vorwort

Die theoretischen Entwicklungen im Bereich der lehrzielorientierten Tests haben ganz ohne Zweifel eine Art Konsolidierungsphase erreicht. Das wird schon an den beiden zusammenfassenden Lehrbüchern deutlich, die FRICKE (1974) und HERBIG (1976) für jeweils verschiedene Adressaten geschrieben haben. Dennoch – und das zeigen beide Werke sehr klar – ist die Entwicklung keineswegs abgeschlossen. Wie man das von anderen Gebieten her kennt, erzeugt eine Antwort auch hier oft neue Fragen, Probleme werden sichtbar, die man zuvor nicht ahnte, und so ist der Bereich der lehrzielorientierten Leistungsmessung weiterhin in dynamischer Entwicklung begriffen.

Die ersten drei Beiträge des vorliegenden Bandes stellen Bemühungen dar, um die Lehrzielvalidität (Kontentvalidität) durch explizite Methoden zu gewährleisten. Während der erste Artikel ein recht allgemeines Bezugssystem und ein allgemeines Lösungsschema bereitstellt, entwickeln Schott und Kretschmer ein differenziert ausgearbeitetes Verfahren, das sie relativ ausführlich demonstrieren. Rupprecht geht schließlich dem Verhältnis von Lehrtext und Testaufgabe nach, wozu er eine interessante empirische Untersuchung vorzulegen hat, die zeigt, daß lehrzielvalide Testaufgaben nicht notwendig als textnah beurteilt werden müssen.

Neben dem Komplex der Lehrzielvalidität befindet sich auch noch der Bereich der wahrscheinlichkeitstheoretischen Beurteilung lehrzielorientierter Testergebnisse in Weiterentwicklung. Inzwischen liegen hierzu eine Anzahl recht unterschiedlicher Ansätze und Konzepte vor, die Herbig in einer kritischen Bestandsaufnahme darlegt und vergleichend analysiert.

Der Beitrag von FRICKE stellt schließlich eine grundsätzliche Weiterführung lehrzielorientierter Tests unter dem Stichwort der multioperationalen Messung zur Diskussion. Hierbei geht es darum, von der Forderung nach mehreren voneinander unabhängigen Testaufgaben wegzukommen und mit wenigen, im Extremfall nur mit einer einzigen, aber hochkomplexen Aufgabe Aussagen über die Erreichung des Lehrziels machen zu können.

Dabei ergeben sich insbesondere meßtheoretisch-statistische Probleme, die ausführlich erörtert werden.

So berechtigt die Rede von der Konsolidierungsphase auch ist, so deutlich macht andererseits dieser Band, daß innerhalb der lehrzielorientierten Messung noch mit wesentlichen Weiterentwicklungen gerechnet werden muß. Dazu könnte der vorliegende Band selbst einiges beitragen.

K. J. Klauer

Das Problem der Kontentvalidität oder Vom Lehrziel zur Testaufgabe

Karl Josef Klauer

I. Fragestellung

Ein Test soll *inhaltlich* gültig sein, d.h., er soll genau die Inhalte prüfen, zu deren Prüfung er konstruiert worden ist. Diese Forderung gilt für alle Schulleistungstests. Es ist die Forderung nach Kontentvalidität. Ein Test über Friedrich II. oder über additive Operationen in der Menge der natürlichen Zahlen darf demnach nur Fragen über Friedrich II., beziehungsweise nur Additions- und Subtraktionsaufgaben in der Menge der natürlichen Zahlen enthalten. Diese Forderungen sind gewiß leicht zu erfüllen. Aber damit ist nur ein Teil dessen gemeint, was sinnvoll unter Kontentvalidität zu verstehen ist. Über Friedrich II. kann man sicher eine ganze Serie von Fragen stellen, die vom Standpunkt des Historikers vergleichsweise belanglos sind, und ein Test über additive Operationen in der Menge der natürlichen Zahlen könnte sich auf Additions- und Subtraktionsaufgaben mit einstelligen Zahlen beschränken, also auf Aufgaben vom Muster $5 + 3 = 8$ und $7 - 2 = 5$. Solche Tests wären nicht kontentvalide zu nennen, weil sie wesentliche Teile des fraglichen Inhalts außer acht ließen. Kontentvalidität bedeutet demnach, daß die Stichprobe der ausgewählten Testaufgaben die Gesamtheit der möglichen Testaufgaben in irgendeiner, noch zu bestimmenden Weise repräsentiert. So nennt LIENERT (1969, S. 16f.) einen Schulleistungstest dann inhaltlich valide, »wenn seine Aufgaben eine repräsentative Auswahl aus dem Unterrichtsstoff darstellen.«

Wie läßt sich das gewährleisten? Man hat den Vorschlag gemacht, die Testitems aufgrund des tatsächlich stattgefundenen Unterrichts zu erstellen, also im Nachhinein. Das ist zweifellos eine faire Lösung im Hinblick auf die Schüler, die an dem Unterricht teilgenommen haben, aber es macht die Ergebnisse vollends unvergleichbar. Verschiedene Tests über denselben Inhalt würden dann ebenso unterschiedlich werden, wie Lehrer ein Thema unterschiedlich auffassen und im Unterricht behandeln. Auf dieser Basis wäre es praktisch ausgeschlossen, einen kontentvaliden Test für eine ganze Region oder einen ganzen Zeitraum zu erstellen. Und schließlich könnte man nicht feststellen, ob ganze Schulklassen – Schüler *und* Lehrer – das Lehrziel erreicht oder verfehlt haben.

Aus all diesen Gründen ist es besser, einen *objektiven* Fixpunkt zu wählen, an den man die Testkonstruktion anbinden kann. Früher war das der Lehrplan, heute ist es das Lehrziel, beziehungsweise das Curriculum als eine geordnete Folge von Lehrzielen. Im pädagogischen Kontext wird Kontentvalidität dann gleichbedeutend mit Lehrzielvalidität.

Die APA-Empfehlungen von 1974 zur Konstruktion psychologischer und pädagogischer Tests unterscheiden drei Arten von Validität eines Tests,

– die Kontentvalidität,
– die kriteriumsorientierte Validität,
– die Konstruktvalidität.

Die kriteriumsorientierte Validität ist nicht etwa die Validität eines kriteriumsorientierten Tests (FRICKE 1974), wie man vielleicht annehmen könnte. Vielmehr sind alle drei Arten von Validität für kriteriumsorientierte oder – in pädagogischen Zusammenhängen – lehrzielorientierte Tests bedeutsam. Kriteriumsorientierte Validität im Sinne der APA-Empfehlungen ist eine empirisch bestimmte Validität. Es handelt sich um einen Oberbegriff für die verschiedenen Arten der Vorhersagevalidität, die angeben, in welcher Weise gewisse externe Kriterien aufgrund des Tests vorhergesagt werden können. Gemeint sind die prediktive, die postdiktive und die Übereinstimmunsvalidität.

Den APA-Empfehlungen zufolge ist ein Test dann kontentvalide, wenn er eine repräsentative Stichprobe aus einem Verhaltensuniversum darstellt. Der Test ist dann für dieses Verhaltensuniversum inhaltlich valide. Was bedeutet das aber? Und wann ist eine Stichprobe repräsentativ für ein solches Universum? Und schließlich: Wie wird Kontentvalidität festgestellt?

Was die Feststellbarkeit betrifft, so kennzeichnet LIENERT die Situation völlig zutreffend, wenn er schreibt: »Inhaltliche Validität wird einem Test in der Regel durch ein Rating von Experten zugebilligt« (1969, S. 17). Das ist ein wenig befriedigender Zustand.

Deshalb ist ein Verfahren gesucht, mit dessen Hilfe Punkt für Punkt geprüft werden kann, ob der Test nur zulässige Aufgaben enthält und ob im Test bestimmte Aufgabengruppen unterrepräsentiert und andere überrepräsentiert sind. Ferner sollte das Verfahren den Weg vom Lehrziel zum Test objektivieren, die Transformation eines Lehrziels in lehrzielvalide Tests nach Regeln ablaufen lassen und damit nachprüfbar machen. Das Verfahren müßte aus Vorschriften bestehen, um aus einem gegebenen Lehrziel kontentvalide Stichproben und Testaufgaben zu generieren, zu erzeugen.

II. Zum Lösungsprinzip

Mit der an anderer Stelle ausführlich entwickelten mehrstufigen Lehrzieloperationalisierung (KLAUER 1974, Kapitel I–III) sollte es möglich sein, diese Forderungen zu erfüllen. Das soll hier kurz erläutert werden, zumal noch einige Probleme zu klären sind, um die es an dieser Stelle vordringlich geht.

Lehrziel ist stets die Veränderung von Persönlichkeitsmerkmalen, genauer: der Aufbau oder Abbau von Persönlichkeitseigenschaften. Soll etwas Neues gelernt werden, damit der Lernende auch in Zukunft so handeln kann, geht es um den Aufbau von Persönlichkeitsmerkmalen. Soll etwas Gelerntes verlernt werden, geht es um den Abbau von Persönlichkeitsmerkmalen. Ganz allgemein lassen sich nun Persönlichkeitsmerkmale als Verhaltenswahrscheinlichkeiten in bestimmten Situationen interpretieren. Lehrziel ist dann, diese Verhaltenswahrscheinlichkeit auf einen bestimmten Wert zu bringen, mindestens aber über den derzeitigen Stand anzuheben (im Falle des Lernens) oder unter den derzeitigen Stand zu drücken (im Falle des Verlernens). Allgemein läßt sich ein Lehrziel Z dementsprechend als bedingte Wahrscheinlichkeit definieren:

$$Z_{ij} = P_z \ (R_j \mid S_i)$$

p Lösungswahrscheinlichkeit $\quad\quad$ S_i = Situation (Aufgabe i)
$\quad$ bzw. Verhaltenswahrscheinlichkeit

p_z = angestrebter Kompe- $\quad\quad\quad$ R_j = Reaktion (Antwort) j
$\quad$ tenzgrad, z. B. $P_z = 0,8$

S_i und R_j beziehen sich dabei in der Regel auf eine Klasse von Situationen beziehungsweise Reaktionen.

Eine andere Art der Darstellung des Sachverhalts ist diese:

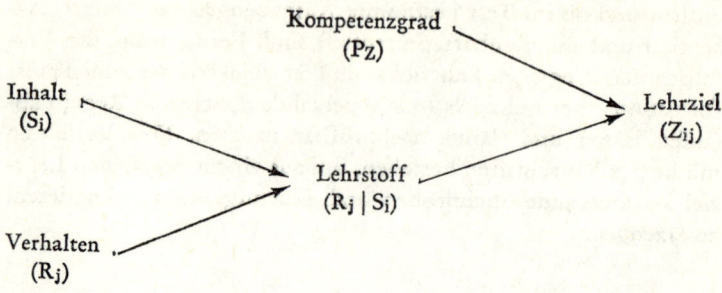

Was darin – in pädagogischer Terminologie – als Lehrstoff bezeichnet ist, würde man in psychologischer Terminologie als Persönlichkeitsmerkmal kennzeichnen. Es geht nämlich um das Verhalten in einer bestimmten Situation oder angesichts eines bestimmten Inhaltes. Ob Lehrstoff oder Persönlichkeitsmerkmal, immer handelt es sich um eine Aufgabe oder um eine Aufgabenklasse, die der Betreffende lösen kann. Eine Aufgabe ist durch inhaltlich-situative und durch Merkmale des (erwarteten) Verhaltens vollständig bestimmt. Pädagogen haben es in der Regel jedoch nicht mit Einzelaufgaben, sondern mit Aufgabenmengen zu tun, deren Inhaltseigenschaften und Verhaltenseigenschaften anzugeben sind.

Anmerkungsweise sei hinzugefügt, daß SCHOTT (s. den folgenden Beitrag) bei der Definition von Aufgaben noch eine weitere S-Komponente berücksichtigt, nämlich den Endzustand, der nach der Operation R_j eingetreten ist.

Lehrziel ist also die Veränderung von Persönlichkeitsmerkmalen. Was konkret geändert wird, ist die Lösungswahrscheinlichkeit einer Aufgabenmenge – im Leistungsbereich demnach der Kompetenzgrad. Die Aufgabenmenge kennzeichnet das Persönlichkeitsmerkmal beziehungsweise den Lehrstoff in qualitativer Hinsicht. Die Aufgabenmenge ist schließlich das, was in den APA-Empfehlungen und in ähnlichen Äußerungen als das Verhaltensuniversum bezeichnet wird, aus dem repräsentative Stichproben zu entnehmen sind.

Lehrziele werden somit als Aufgabenmengen definiert, zu deren Lösung befähigt werden soll. In quantitativer Hinsicht ist der Befähigungsgrad des Lehrziels festzulegen, der erreicht werden soll. Er wird durch die Lösungswahrscheinlichkeit ausgedrückt, über die der einzelne verfügen soll. In qualitativer Hinsicht, die hier mehr interessiert, ist die Aufgabenmenge in Abhebung von anderen Aufgabenmengen zu definieren. Diese Definition heißt Leitdefinition des Lehrziels. Mit der Leitdefinition ist die fragliche Aufgabenmenge so definiert, daß für jede denkbare Aufgabe zweifelsfrei entscheidbar wird, ob sie Element der Menge ist oder nicht.

Die Leitdefinition kann als ein Aufgabengenerator angesehen werden, mit dessen Hilfe die Gesamtheit möglicher Testaufgaben erzeugt werden kann. Fügt man geeignete Gliederungs- und Auswahlvorschriften hinzu, so lassen sich mit deren Hilfe lehrzielvalide Aufgabenstichproben bilden. Wendet man darauf schließlich Vorschriften zur Testkonstruktion an, so entsteht ein lehrzielvalider Test. Auf diese Weise kann also der Übergang vom Lehrziel zum lehrzielvaliden Test objektiviert werden. Der *einen* Leitdefinition sind damit *mehrere* operationale Definitionen erster Ordnung (= Aufgabenstichproben) zugeordnet, und diesen sind wiederum mehrere operationale Definitionen zweiter Ordnung (= Tests) zugeordnet. Das gesuchte Verfahren besteht somit aus einem kleinen System von Vorschriften und Erzeugnissen:

Vorschriften		*Erzeugnisse*
Leitdefinition	⟶	Grundmenge von Aufgaben
Zerlegungsvorschriften	⟶	System von Teilmengen
Auswahlvorschriften	⟶	kontentvalide Aufgabenstichproben
Vorschriften zur Testkonstruktion	⟶	kontentvalide Tests

Angelpunkt des Verfahrens ist also die Leitdefinition des Lehrziels. Sie geschieht in allen Fällen durch Angabe zweier Merkmalsgruppen, nämlich durch Angabe der Inhaltsmerkmale und der Verhaltensmerkmale. Auf diese Weise wird dargelegt, was der Lernende an welchem Inhalt tun können soll. Das geforderte *sichtbare* Verhalten (wie Ankreuzen, Unterstreichen, Niederschreiben) bestimmt weitgehend die Aufgabenform, den Aufgabentypus. Eine Übersicht über die Aufgabenformen in pädagogischer Sicht haben insbesondere HERBIG (1972) und RÜTTER (1973) vorgelegt. Bezieht man das nicht sichtbare geistige Verhalten mit in die Betrachtung ein, so stellen die Lehrzieltaxonomien eine Klassifi-

13

kation dieses Aspektes dar. Auch darüber hat HERBIG (1976) eine gute Übersicht vorgelegt.

Aufgabenmengen lassen sich schließlich in Teilmengen zerlegen. Anschaulich kann man das System einer in Teilmengen zerlegten Grundmenge durch ein Venn-Diagramm oder durch eine Lehrzielhierarchie (GAGNÉ 1962, EIGLER 1976, KLAUER 1974) darstellen. Die Mächtigkeit der Teilmengen ist in der Regel verschieden. Mit der Lehrzieldefinition muß ferner festgelegt werden, ob alle Teilmengen gleich intensiv oder entsprechend ihrer Mächtigkeit oder ihrer relativen Auftretenshäufigkeit beherrscht werden sollen. Letzteres dürfte z. B. bei beruflichen Qualifikationen sinnvoll sein. Mit einer solchen Festlegung wird es möglich zu prüfen, ob die Aufgabenstichprobe des Tests die Teilmengen der Grundmenge in der gewünschten Proportionalität enthält. Art und Zahl der zu berücksichtigenden Teilmengen hängt allerdings auch von den Vorkenntnissen der Lernenden ab, für die der Test gedacht ist (vgl. KLAUER 1974, S. 192 ff.).

Nach diesen Festsetzungen können wir vorläufig definieren: *Ein Test ist lehrzielvalide, wenn er (a) nur Aufgaben enthält, die zu der vom Lehrziel definierten Grundmenge von Aufgaben gehören und wenn er (b) die Teilmengen aller zulässigen Aufgaben in dem vom Lehrziel geforderten Proportionen repräsentiert.* Diese allgemeine Definition bedarf allerdings der Anpassung an die beiden Sonderfälle der Abgrenzung von Aufgabenmengen, die im folgenden darzustellen sind.

III. Zwei Arten von Strukturbeschreibung

Lehrziele und Lehrstoffe werden nach dem vorliegenden Konzept als Aufgabenmengen definiert. Nun kann man Mengen grundsätzlich auf zwei Arten definieren, durch Angabe der mengenstiftenden Merkmale oder durch vollständige Auflistung aller zugehörigen Elemente. Im letzteren Falle wird man bei Aufgabenmengen eine vollständige Liste aller zugehörigen Aufgaben erstellen. Schulnahe Beispiele für dieses Verfahren wären etwa Listen der Einmaleinsreihe mit 7, aber auch von Fragen über Friedrich II. oder über das Klima Südamerikas. Viele Lehrstoffe in Fächern wie Deutsch, Geschichte, Erdkunde, Biologie und Gemeinschaftskunde sind von ähnlicher Art. In der Regel handelt es sich um individuelle Einzelheiten, um Fakten und Faktisches, sozusagen um Idiographisches statt Nomothetisches, das nicht aus einem übergeordneten Prinzip hergeleitet werden kann (oder – wie im Falle des Einmaleins – nicht erst hergeleitet werden soll). GAGNÉ spricht in diesem Zusammenhang von »verbal information« in Abhebung von »intellectual skills«. Unter »skills« versteht er Fähigkeiten, die den einzelnen in den Stand versetzen, eine ganze Klasse von Problemen zu lösen, weil sie nämlich nach einem einheitlichen Prinzip zu bewältigen sind. Das Prinzip kann eine Gesetzmäßigkeit sein, ein Algorithmus oder auch nur eine heuristische Strategie für bestimmte Arten von Aufgaben. Typische schulische Beispiele hierfür sind etwa das Lösen von quadratischen Gleichungen, die Hydrolyse von Salzen, die Bestimmung von Pflanzen oder die Beherrschung der Regeln des Straßenverkehrs. Lehrziele dieser Art lassen sich stets durch eine einzige allgemeine Beschreibung charakterisieren. Die Aufgabenmenge kann also durch Angabe der mengenstiftenden Merkmale definiert werden. Die mengenstiftenden Merkmale sind dann in der allgemeinen Strukturbeschreibung enthalten, und jede Aufgabe gehört zur definierten Menge, die der beschriebenen Struktur entspricht.

Nun ist es vielleicht möglich, diese beiden Definitionsarten noch etwas präziser auseinanderzuhalten. In beiden Fällen wird nämlich eine Strukturbeschreibung des Lehrstoffs gefordert oder vorausgesetzt. Der Unterschied liegt darin, daß im einen Fall zur Strukturbeschreibung nur Konstanten als Elemente eingesetzt werden, während im anderen Fall auch Variablen verwendet werden können. Betrachtet man den Beispielsatz

Im Jahre 1492 hat Columbus Amerika entdeckt,

so wird deutlich, daß die tragenden Begriffe darin allenfalls nur durch Synonyme ersetzt werden können. Sie meinen jeweils ganz bestimmte, individuelle Besonderheiten. Anders der Beispielsatz

Hauptsätze und Nebensätze werden durch Komma voneinander getrennt.

Er könnte auch lauten

x und y werden durch Komma voneinander getrennt,

wenn die Vereinbarung gilt, daß x für einen beliebigen Hauptsatz und y für einen beliebigen Nebensatz des Hauptsatzes steht. In diesem Falle beschreibt der Satz das Lösungsprinzip für eine ganze Klasse im einzelnen noch so verschiedener Zeichensetzungsaufgaben. Zu beiden Sätzen kann man aber je drei bis vier Fragen stellen, die die wesentliche Information der Sätze »abfragen« lassen. Nur zu dem zweiten Satz existiert darüber hinaus eine praktisch unbegrenzte Aufgabenmenge, nämlich von Zeichensetzungsaufgaben, die mit dem Prinzip des Satzes lösbar sind.

Unter *Aussagen* versteht man Sätze, die nur Konstanten enthalten. *Aussageform* heißt ein Satz, der mindestens eine Variable enthält. Lehrstoffe können also entweder durch Aussagen oder durch Aussageformen beschrieben werden. Daraus ergeben sich Konsequenzen, die für die Kontentvalidität von Tests bedeutsam sind.

1. *Strukturbeschreibung durch Aussagen*

Manche Fachwissenschaften haben für die Beschreibung ihrer Gegenstände Spezialsprachen entwickelt, so etwa die Mathematik, die Chemie, aber auch zumindest in Ansätzen und Schulen die Linguistik (vgl. insbesondere ACHTENHAGEN und WIENOLD 1975). Fast alle anderen Lehrstoffe werden in der üblichen sprachlichen Form dargestellt. Was man dann aber vor sich hat, sind Texte, und es ist durchaus möglich, denselben Lehrstoff in verschiedenen Textfassungen darzustellen. Unter Lehrstoff verstehen wir offenbar etwas, das textinvariant ist, und deshalb ist auch nur eine textinvariante Darstellungsform angemessen zur Beschreibung von Lehrstoffen.

Nähere Einzelheiten hierzu findet man bei KLAUER (1974) im Kapitel Mikroanalyse, ferner in dem Buch von SCHOTT (1975) sowie im Beitrag von SCHOTT und KRETSCHMER in diesem Band. Das Transformations- und Prüfverfahren, das hier vorgestellt werden soll, ist zwar nicht gebunden an moderne Verfahren der Lehrstoffanalyse, aber es wird dadurch erheblich leichter und präziser anwendbar. Deshalb sei hier ein besonders einfaches Kodierverfahren, nämlich das nach KINTSCH (1972) vorgestellt, das einige Hilfsmittel der Prädikatenlogik verwendet.

Tabelle 1: *Kodierverfahren für Lehrstoffe, adaptiert nach* KINTSCH *(1972)*

1) Der Text wird in einzelne Aussagen zerlegt. Jede Aussage wird in Großbuchstaben wiedergegeben und eingeklammert. Die Einzelaussage wird aus Elementen und Relationen gebildet.

2) Bei der Bildung von Aussagen ist die Reihenfolge zu beachten. Zuerst steht die Relation, dann folgen ihre Argumente in (notfalls vorher festgelegter) Reihenfolge.
   Die Mutter backt den Kuchen im Ofen.
   (BACKEN, MUTTER, KUCHEN, IN OFEN)

3) Die Kopula (»ist« beziehungsweise »sind«) fällt weg.
   Der Hund ist ein Säugetier. (SÄUGETIER, HUND)
   Der Mann ist alt. (ALT, MANN)

4) Aussagen können ineinander eingebettet werden. Dabei ist auf die Klammern zu achten.
   Der Mann ist alt. (ALT, MANN)
   Der Mann trinkt Tee. (TRINKEN, MANN, TEE)
   Der alte Mann trinkt Tee. (TRINKEN, (ALT) MANN, TEE)

5) Aussagen können als Argumente von Relationen benutzt werden.
   Der alte Mann ist krank. ((KRANK, (ALT) MANN) = α)
   Der alte Mann trinkt Tee. ((TRINKEN, (ALT) MANN, TEE) = β)
   Der alte Mann trinkt Tee,
   weil er krank ist. (WEIL, β, α)

6) Aussagen werden miteinander durch Konjunktoren verbunden.
   (Man vergleiche das ausgearbeitete Beispiel »Mongolenfleck«.)

Tabelle 2: *Beispiel Mongolenfleck (M), kodiert nach Tabelle 1, leicht verändert nach* KLAUER *(1974, S. 140)*

1 ((BLAU) FLECK, M) Λ
2 (HAUTVERFÄRBUNG, M) Λ
3 (PFENNIG- BIS TELLERGROSS, M) Λ
4 ((LIEGEN IN, M, KREUZBEINGEGEND) = α) Λ
5 ((HEISSEN, M, SAKRALFLECK) = β) Λ
6 (WEIL, β, α) Λ
7 (HERVORGERUFEN DURCH, M, (FARBSTOFFHALTIGE) ZELLEN) Λ
8 (HEISSEN, (FARBSTOFFHALTIGE) ZELLEN, PIGMENTZELLEN) Λ
9 (GEHÖREN ZU, PIGMENTZELLEN, LEDERHAUT) Λ
10 ((DICHT BEIEINANDER) LIEGEN, PIGMENTZELLEN) Λ
11 (ENTHALTEN, PIGMENTZELLEN, CORIUMPIGMENT) Λ
12 (BRAUNSCHWARZ, CORIUMPIGMENT) Λ
13 ((BLAU V BLAUGRAU) SCHIMMERN DURCH, PIGMENTZELLEN, OBERHAUT) Λ
14 (ENTSTEHEN VOR, M, GEBURT) Λ
15 ((MEIST) VERBLASSEN IN, M, (ERSTEN) LEBENSJAHR) Λ
16 ((SEHR) HÄUFIG BEI, M, MONGOLIDEN) Λ
17 ((SEHR) HÄUFIG BEI, M, NEGRIDEN) Λ
18 ((SEHR) SELTEN BEI, M, EUROPIDEN) Λ
19 (GEHÖREN ZU, OSTASIATEN Λ MALAIEN Λ INDIANER Λ ESKIMO, MONGOLIDEN) Λ
20 (GEHÖREN ZU, NEGER, NEGRIDEN) Λ
21 (GEHÖREN ZU, BULGAREN, EUROPIDEN)
22 (BEISPIEL, γ V δ V ε) Λ
23 ((HABEN, M, 99,5%, ((1 JÄHRIGE) KINDER) JAPANER) = γ) Λ
24 ((HABEN, M, 6,0%, ((10 JÄHRIGE) KINDER) JAPANER) = δ) Λ
25 ((HABEN, M, 0,6%, (KINDER) BULGAREN) = ε)

Der Lexikontext lautet im Original:

Mongolenfleck, blauer Fleck, eine pfennig- bis tellergroße Hautverfärbung in der Kreuzbeingegend (Sakralfleck), hervorgerufen durch dicht beieinanderliegende farbstoffhaltige Zellen der Lederhaut; das braunschwarze Coriumpigment schimmert blau oder blaugrau durch die Oberhaut. Der M. entsteht bereits vor der Geburt und verblaßt zumeist in den ersten Lebensjahren wieder. Er ist bei ostasiatischen (z. B. Japaner: 1jährige Kinder 99,5%, 10jährige Kinder noch 6%) und anderen Mongoliden (Malaien, Indianer, Eskimo) häufig, ebenso bei manchen Negriden (Neger); vereinzelt tritt er aber auch bei Kindern Europider (Bulgaren 0,6%) auf.

In Tabelle 2 ist der Lehrstoff »Mongolenfleck« aufgrund eines Lexikontextes kodiert worden. Nehmen wir nun diese kodierte Darstellung als verbindlich für den Lehrstoff, so ist es möglich, verschiedenartige Textfassungen dieses Lehrstoffs zu erstellen und gegebene Textfassungen daraufhin zu überprüfen, wieweit sie den Lehrstoff vollständig und richtig wiedergeben. Wie die Numerierung nämlich zeigt, besteht der Lehrstoff aus 25 Aussagen, und es ist recht einfach, Aussage für Aussage durchzuprüfen, ob sie in einem anderen Text wiedergegeben ist. In gleicher Weise würde man vorgehen, wenn vom Schüler gefordert wäre, einen vollständigen mündlichen Vortrag oder eine eigene schriftliche Darstellung auszuarbeiten.

Wäre vom Lehrziel her ein Kenntnistest gefordert, so müßte ein vollständiger Test mindestens 25 Aufgaben enthalten, eben eine pro Aussage. Theoretisch ist die Zahl möglicher Aufgaben sehr viel größer, weil nach jeder Relation und jedem Argument einer Relation gefragt werden kann. So dürften hier zwischen 48 und 72 Aufgaben möglich sein, von denen jedoch nicht alle sinnvoll zu stellen wären. Beispielsweise würde man im vorliegenden Zusammenhang alle Fragen streichen, auf die mit »Mongolenfleck« zu antworten wäre, weil sie trivial wirken würden. Wenn man so alle möglichen Aufgaben ausscheidet, die sich aus testtechnischen Gründen weniger empfehlen, verbleiben im vorliegenden Falle etwa 25 bis 30 Aufgaben, die als Grundmenge zu betrachten wären.

Diese Aussage bezieht sich nur auf die Grundfragen. Unter *Grundfragen* verstehen wir die Fragen nach Relationen und ihren Argumenten. Abgeleitete Fragen wären solche, die sich aus der Kombination von Aussagen ergeben. Der Einfachheit halber werden abgeleitete Fragen im folgenden nicht berücksichtigt. RUPPRECHT zeigt in seinem Beitrag, daß Testaufgaben nach ihrer Nähe zum Lehrtext beurteilt werden und sich in dieser Beurteilung deutlich unterscheiden können. Die abgeleiteten Fragen dürften zu den als textferner beurteilten gehören, was noch zu überprüfen wäre.

Die Menge der Grundfragen kann nun in Teilmengen aufgegliedert werden. Es gibt Darstellungsformen, die die Gruppierung in Teilmengen deutlicher werden lassen als die vorliegende, doch bestehen in jedem Falle mehrere Möglichkeiten der Klassenbildung. Für das Mongolenfleck-Beispiel dürfte folgende Aufgliederung vertretbar sein.

Gruppe 1: Beschreibung und Bezeichnung
(Aussagen 1–6 und 8)

Gruppe 2: Anatomisch-physiologische Daten einschließlich
Entstehung und Verlauf (Aussagen 7, 9–15)

Gruppe 3: Auftretenshäufigkeit und Beispiele dazu
(Aussagen 16–18, 23–25)

Gruppe 4: Eingestreute Informationen über einige
Menschenrassen (Aussagen 19–21).

Die Reihenfolge der Gruppierung dürfte auch schon eine Gewichtung andeuten. Die Gruppe 4 enthält sicher keine notwendig zu dem Komplex gehörige Information, und auch die Einzelbeispiele aus Gruppe 3 dürften nicht unabdingbar sein. Da aber dieser Lehrstoff eingangs als verbindlich angesehen worden war, soll nur darauf hingewiesen werden, wie eine solche Arbeit am Lehrstoff auch diesen kritisch unter die Lupe nehmen läßt.

Es liegt auf der Hand, daß Art und Zahl der in Frage kommenden Testaufgaben durch eine Lehrstoffanalyse der beschriebenen Form weitgehend bestimmt werden. Dem Verfahren haften aber noch einige echte und einige scheinbare Mängel an, die der genaueren Prüfung bedürfen.

Erster Mangel: Wenn verschiedene Bearbeiter einen Lehrtext in der vorgegebenen Weise analysieren, ist nicht damit zu rechnen, daß die Bearbeiter immer zu den gleichen Ergebnissen kommen. Das liegt aber – wenn sonst keine Fehler unterlaufen – an der oft erstaunlichen Unklarheit von Lehrtexten, also am Ausgangsmaterial. Deshalb wird ja empfohlen, die Analyse erst als die gültige Darstellung des Lehrstoffs zu betrachten. Das ist also ein scheinbarer Mangel.

Zweiter Mangel: Einer in Analyseform vorliegenden Lehrstoffdarstellung kann nicht eindeutig eine bestimmte Zahl von Testaufgaben zugeordnet werden. Das ist nur bedingt richtig. Die Zahl der möglichen Grundfragen ist nämlich eindeutig bestimmbar. Lediglich aus psychologischen und test-technischen Gründen wird es nicht sinnvoll sein, alle Grundfragen zu stellen. Beispiel: Trotz noch so geschickter Distraktoren wird es kaum möglich sein zu verhindern, daß jemand auch ohne Kenntnisse die richtige Antwort rät, wenn diese fünf- oder gar zehnmal »Mongolenfleck« lautet. Vom Standpunkt der Inhaltsvalidität ist gegen solche

Testitems überhaupt nichts einzuwenden. Dieser Mangel ist dann beseitigt, wenn die Inhaltsvalidität der einzige Gesichtspunkt zur Auswahl von Testaufgaben ist. Allerdings gibt es keine Testtheorie, die dies akzeptierte. Deshalb ist dieser Mangel aber auch nicht der Inhaltsvalidität und ihrer Bestimmung anzulasten.

Dritter Mangel: Die *Transformation* einer Aussagenmenge in eine Menge von Testaufgaben ist nicht eindeutig möglich. Auch das ist nur bedingt richtig. Wie bereits dargelegt, liegen Art und Zahl der Grundfragen mit der Aussagenmenge fest. Würde man nun z. B. einen Lückentext oder einen Test mit Mehrfachwahlaufgaben erstellen, so wäre eindeutig, wonach zu fragen wäre. Bei den Wahlaufgaben wären lediglich die Distraktoren noch zu bestimmen und beim Lückentext wäre der Text selbst noch zu formulieren. Es ist durchaus möglich, auch hierfür Regelsysteme zu entwickeln, die auch diese Leistungen objektivieren würden. Die Frage ist aber, ob dieser Aufwand angesichts der möglichen Vorteile lohnt.

Vierter Mangel: Die Gruppierung von Teilmengen von Aussagen ist nicht eindeutig vollziehbar. Als Faktum ist dieser Mangel unbestreitbar. Gäbe es aber keine Beziehungen zwischen den Aussagen, so würde allein die Potenzmenge die Zahl der möglichen Teilmengen nach oben begrenzen. Bei Lehrstoffen hat man es jedoch mit Aussagenmengen zu tun, die nur eine geringe Zahl möglicher Klassifikation zulassen, weil die Aussagen miteinander verflochten sind. Trotzdem bleiben Freiheitsgrade bestehen. Für die Lehrziel- oder Inhaltsvalidität ist aber wichtiger, daß überhaupt Untergruppen gebildet werden, als daß ganz bestimmte Gruppierungen entstehen.

Zusammenfassend wäre dann festzustellen: Inhaltsvalide ist ein Test, der alle Grundfragen und keine anderen Fragen enthält. Inhaltsvalide ist ferner ein Test, der alle Grund- und abgeleiteten Fragen und keine anderen enthält. Sieht man der Einfachheit halber von den abgeleiteten Fragen ab, so wäre des weiteren festzustellen: Inhaltsvalide ist schließlich ein Test, der nur Grundfragen enthält und der bei einer gegebenen Gruppierung Fragen aus allen Gruppen zu gleichen oder zu vorgegebenen Anteilen enthält. Dabei wird unterstellt, daß die Gruppierung sachlich sinnvoll und vertretbar ist, doch wäre zu prüfen, ob eine beliebige willkürliche Gruppierung nicht auch zu brauchbaren Ergebnissen führt.

Alles in allem genommen müßte somit bei regelgerechtem Vorgehen gewährleistet sein, daß verschiedene, unabhängig voneinander arbeitende Testkonstrukteure zwar nicht zu den gleichen, aber zu gleichermaßen inhaltsvaliden Testfassungen kommen müßten, wenn alle von derselben kodierten Lehrstoffdarstellung ausgehen. Genau das entspricht dem Konzept der mehrstufigen Lehrziel-operationalisierung, das einem gegebenen Lehrziel eine große Zahl möglicher operationaler Definitionen in Form von Tests zuordnet.

2. Strukturbeschreibung durch Aussageform

Ist das auch erreichbar, wenn zur Strukturbeschreibung Variablen erforderlich sind? In diesem Falle, bei dem zur Lehrstoffbeschreibung mengenstiftende Strukturmerkmale herangezogen werden, ist das Verfahren zweifellos noch eleganter anzuwenden. Ehe es näher erläutert wird, sollen jedoch einige mögliche Abwege im Voraus ausgeschlossen werden. Man betrachte folgendes Beispiel.
Lehrziel sei das Verständnis sämtlicher Aussagen, die in der Tabelle Nr. 2 enthalten sind.
Hier ist das Ziel zweifellos durch eine mengenstiftende Definition umrissen. Grundmenge ist die Menge aller Aussagen, und daraus sind alle herausgehoben, die in der Tabelle 2 enthalten sind. Auf der gleichen Ebene liegt folgende Formulierung.
Der Schüler soll befähigt sein, die Aufgaben des Mathematikbuches x y von Seite 18 bis 21 zu lösen.
Für die Bestimmung der Inhaltsvalidität sind solche formalen Angaben nutzlos, eben weil von der Struktur des Lehrstoffs nichts mitgeteilt wird. Sie sind überdies wenig sinnvoll, weil auch nur leichte Varianten nicht mehr mitgemeint wären: Aufgaben vom selben Typus, aber mit anderen Zahlenwerten, wären bereits definitorisch ausgeschlossen. Dasselbe gilt für Aufgaben, die inhaltlich zwar gleich sind, aber vom Text her Variationen darstellen, sogenannte Paraphrasen, wenn sie nicht als solche im genannten Buch stehen. Betrachten wir dagegen ein anderes Beispiel.
Gegeben sind Aufgaben vom Typus

$$a \pm b = c, \qquad a, b, c \; \varepsilon \; N_{1000}$$
$$N_{1000} : \text{Menge der natürlichen Zahlen}$$
$$\text{bis } 1000$$

bei denen eine der drei Zahlen durch einen Platzhalter ersetzt ist. Der Schüler ersetzt ohne Hilfsmittel den Platzhalter durch die Zahl.

Durch diese Definition wird eine ganze Klasse von Aufgaben umgrenzt, weil sie Variablen enthält. Für die Variablen ist genau angegeben, welche Terme an ihre Stelle gesetzt werden dürfen. So ist nicht nur für jede beliebige Aufgabe entscheidbar, ob sie zur definierten Menge gehört, es können sogar Aufgaben erzeugt werden, die mit Sicherheit zur Zielmenge gehören. Beispielsweise wäre es nicht schwer, einen Computer anzuweisen, Zufallszahlen aus der fraglichen Menge zu generieren, die die Bedingungen der Gleichung erfüllen, zwischen Additions- und Subtraktionsaufgaben zufällig abzuwechseln und die Leerstellen systematisch zu variieren. Im Ergebnis entstünden jeweils lehrzielvalide Aufgabensammlungen.

Die Gruppierung in Teilmengen liegt hier ebenfalls nahe. Man könnte zunächst zwei Gruppen nach Art der Verknüpfung bilden, sodann drei – quer dazu liegende – Gruppen nach dem Ort des Platzhalters und schließlich – wieder orthogonal zu beiden – Teilmengen von Zahlen bilden, etwa die drei traditionellen Abgrenzungen der Grundschuldidaktik, nämlich die Zahlenräume bis Zehn, bis Hundert und bis Tausend. So entstehen dann 18 Teilmengen von Aufgaben, und man kann beispielsweise verlangen, daß ein lehrzielvalider Test alle diese Teilmengen gleichmäßig (oder mit anderen Anteilen) repräsentiert.

Ein anderes Beispiel mag das Lehrziel darstellen, engliche Aussagesätze in Fragesätze umwandeln zu können. Es sei wie folgt definiert (vgl. KLAUER 1974, S. 54f. und 58f.):

Schriftlich gegeben sind beliebige englische Aussagesätze sowie durch Unterstreichen die Mitteilung, nach welchem Satzglied zu fragen ist. Der Schüler wählt die geeigneten Fragewörter und führt die korrekten Umformungen durch.

Die Variablen sind hier vielleicht nicht auf den ersten Blick erkennbar, insbesondere weil keine linguistische Darstellungsform benutzt worden ist. Dennoch wird deutlich, daß das Lehrziel über der Grundmenge aller englischen Aussagesätze definiert ist. Es ist also gar keine Schwierigkeit, beliebig viele zugehörige Testaufgaben zu erzeugen, etwa durch Auswahl von Aussagesätzen aus beliebigen englischen Texten und durch Unterstreichen jeweils eines Satzgliedes.

Auch hier wird es notwendig und sinnvoll, Untergruppen zu bilden. Das beigefügte Schema (Tabelle 3) gibt eine mögliche Gruppierung wieder, wobei sechs Hauptgruppen entstehen.

Tabelle 3: *Teilfähigkeiten (Teilmengen des Lehrziels)*

		Prädikat im Aussagesatz ist ein	
		Vollverb	Hilfsverb
	Prädikat		
Zu fragen ist nach dem	Subjekt		
	Akk.		
	Objekt Dativ		
	Genit.		

Mit den Zeilen des Schemas variieren die vom Schüler zu wählenden Fragewörter, und von den Spalten hängt es ab, ob mit *to do* zu umschreiben ist oder nicht. Wie bei diesen Beispielen dient jede Lehrzieldefinition mit strukturbeschreibenden Variablen dazu, folgende Leistungen zu ermöglichen:

1) Es wird für jede beliebige Aufgabe zweifelsfrei entscheidbar, ob sie zur Definitionsmenge gehört.
2) Zugehörige Testaufgaben können generiert werden.
3) Ist außerdem noch eine Aufteilung in Untergruppen vorgenommen, so können die Untergruppen bei lehrzielvaliden Aufgabensammlungen zu vorgegebenen Anteilen vertreten werden.

Für die Aufgliederung eines mit Variablen definierten Lehrziels in untergeordnete Teilziele hat übrigens GAGNÉ (1962 und später) das Verfahren der Erstellung von *Lernhierarchien* entwickelt. Damit ist eine außerordentlich bedeutsame, gerade auch für die Praxis sehr wertvolle Forschungsrichtung aufgezeigt, die mit Recht viel Aufmerksamkeit auf sich zieht. Hierzu gibt es umfassende Darstellungen (EIGLER 1976, FRICKE 1974, KLAUER 1974, Kapitel »Makroanalyse«), so daß an dieser Stelle nur darauf verwiesen zu werden braucht. SCHOTT und KRETSCHMER bringen nachfolgend ein Beispiel, das als Prozeßhierarchie (KLAUER 1974, S. 152ff.) bezeichnet werden kann.

Was ergibt sich daraus für die Lehrzielvalidität? Ist das Lehrziel durch eine Aussagenform beschrieben, so können Aufgaben generiert werden, die die erforderlichen Eigenschaften besitzen. Für jede Aufgabe ist dann zweifelsfrei feststellbar, ob sie Element der Zielmenge ist oder nicht. Weiterhin läßt sich die Aufgabenmenge in Teilmengen so zerlegen, daß auch die Teilmengen in der Regel durch Aussageformen definiert werden. Eine Aufgabenstichprobe ist dann repräsentativ für die Grundmenge, wenn die Teilmengen in der Stichprobe in der vom Lehrziel geforderten Proportion vertreten sind.

IV. Schluß

Wenn man sich vor Augen hält, wie die Kontentvalidität von Schulleistungs- und ähnlichen Tests heute im allgemeinen noch behandelt wird, dürfte rasch deutlich werden, daß dieser Zustand auf Dauer nicht tragbar ist. Immerhin kommt der Kontentvalidität gerade in pädagogischen Zusammenhängen ganz besondere Bedeutung zu. Im vorliegenden Beitrag sollten einige praktikable Wege aufgezeigt werden, die von einer präzisen Lehrzieldefinition und einer genauen Lehrstoffanalyse ihren Ausgang nehmen. Dabei konnte gezeigt werden, daß Lehrstoffe auf zwei verschiedene Arten zu definieren und zu beschreiben sind, durch Aussagen oder durch Aussageformen. In der Praxis resultieren daraus verschiedene Verfahren zur Realisierung kontentvalider Tests. Theoretisch müßte es möglich sein, die Verfahren so vollständig zu objektivieren, daß schließlich Computer programmiert werden könnten, um lehrzielvalide Aufgabenstichproben zu erstellen. Zukünftige Erprobungen werden erst zeigen, inwieweit die Präzisierung des Regelsystems zweckmäßig im Sinne einer »Nutzen«-»Kosten«-Betrachtung vorangetrieben wird.

Konstruktion lehrzielvalider Testaufgaben aufgrund einer normierten Lehrstoffanalyse[1]

Franz Schott und Ingo Kretschmer

Testaufgaben werden Personen gestellt, um zu überprüfen, ob und inwieweit diese Personen über bestimmte Fähigkeiten verfügen. Wenn die Fähigkeit, die tatsächlich notwendig ist, um eine bestimmte Testaufgabe zu lösen, mit der Fähigkeit übereinstimmt, die man mit dieser Testaufgabe überprüfen will, dann nennt man diese Aufgabe valide. Wird die fragliche Aufgabe durch ein Lehrziel festgelegt, dann sprechen wir von »lehrzielvaliden« Testaufgaben. Bei der Überprüfung der Validität unterscheidet man unter anderem zwei Aspekte: empirische Validität und Kontentvalidität. Das Kriterium der Kontentvalidität dient zur Kontrolle, ob Aufgaben die zu testenden Fähigkeiten repräsentieren, wenn man von psychologischen Einflußfaktoren absieht, die bei ihrer tatsächlichen Anwendung bei bestimmten Personen in einer bestimmten Situation auftreten. Die empirische Validität berücksichtigt eben diese Faktoren.

Der im folgenden vorgeschlagene Ansatz bezieht sich nur auf die Kontentvalidität, deren entscheidende Bedeutung für die Konstruktion von lehrzielorientierten Tests schon mehrfach hervorgehoben wurde (vgl. z.B. KLAUER u.a. 1972, FRICKE 1974 und den Beitrag von KLAUER zu diesem Thema im vorliegenden Band).

I. Lehrstoffpräzisierung als Rekonstruktion

Kontentvalide Aufgaben eines lehrzielorientierten Tests können nur konstruiert werden, wenn die zu messende Fähigkeit, hier das Lehrziel, genau bestimmt wird. Man könnte einwenden, es genüge

[1] Dieser Beitrag entstand im Zusammenhang mit dem Forschungsprojekt »Mikroanalyse von Lehrstoffen«, das im Rahmen des Schwerpunktprogramms »Lehr-Lern-Forschung« von der Deutschen Forschungsgemeinschaft gefördert wird.

doch, die Menge von Aufgaben, die ein Test enthält, mit dem Lehrziel gleichzusetzen. Eine solche Festlegung führt aber entweder zu der unsinnigen Alternative, eine weitere Diskussion über die Validität dieser Aufgaben nicht mehr zuzulassen, oder man ist auf eine kritische Anfrage hin gezwungen, eine Definition des Lehrziels zu rekonstruieren. Greift nämlich jemand zwei beliebige Aufgaben eines solchen Tests heraus und stellt in Frage, daß diese beiden Aufgaben dieselbe Fähigkeit messen, dann ist man zur Verteidigung der Validität genötigt, Merkmale anzugeben, welche diese Aufgaben in bezug auf diese zunächst nur vage angenommene Fähigkeit haben (vgl. Abbildung 1).

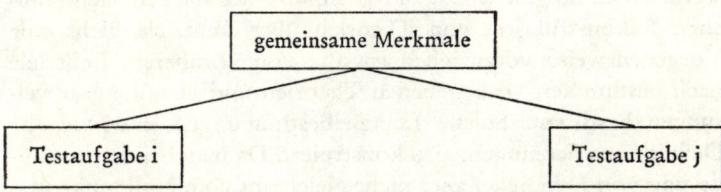

Abbildung 1: Vergleich zweier beliebiger Testaufgaben aus einem Test

Nimmt man eine dritte Aufgabe aus dem Test hinzu, dann werden entweder die bereits genannten Merkmale zur Verteidigung der Validität hinreichen, oder man ist gezwungen, weitere Merkmale zu nennen bzw. bereits aufgeführte Merkmale zu streichen und damit den Katalog der Aufgabenmerkmale zu ändern. Hat man schließlich sämtliche Aufgaben eines Tests in den validitätskritischen Vergleich einbezogen, so liegt ein ausdrücklich formulierter Merkmalskatalog für diesen Test vor oder mit anderen Worten: es wurden klassenstiftende Merkmale der in Frage stehenden Aufgabenklasse definiert (vgl. Abbildung 2).

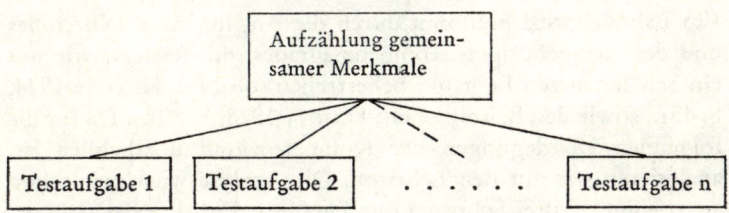

Abbildung 2: Vergleich der Aufgaben eines Tests, der aus n Aufgaben besteht.

Damit hat man bei der Verteidigung der Validität des fraglichen Tests einen Satz von Merkmalen über die Testaufgaben und damit letztlich über die abzuprüfende Fähigkeit formuliert, der im einzelnen zwar unzureichend sein mag, aber weit über die ursprüngliche Behauptung geht, das Lehrziel sei nichts anderes als die Sammlung der Aufgaben des Tests. Man hat dann ansatzweise ein Lehrziel definiert, indem man einen Satz von Merkmalen über die abzuprüfende Fähigkeit rekonstruierte. Je systematischer und begründeter man die einzelnen Merkmale auswählt und aufeinander bezieht, um so genauer hat man eine Theorie über die Fähigkeit formuliert, welche von den fraglichen Aufgaben gemessen werden soll. So gesehen ist zu fragen, ob einer solchen nachträglichen Rekonstruktion von Theorien über Lehrziele nicht eine Vorgehensweise vorzuziehen ist, die von vornherein Lehrziele nach bestimmten vorgegebenen Theorien und Handlungsanweisungen bestimmt. Solche Lehrzielbestimmungen sind wie alle Definitionen Setzungen, also konstruiert. Da man bei der Formulierung von Lehrzielen aber nicht gleichsam vom Nullpunkt ausgehend anfängt, sondern vielmehr von Anfang an mehr oder weniger klare Vorstellungen und Voraussetzungen (z.B. fachlicher Art) an die festzulegende Definition heranträgt, sollte man den Vorgang der Lehrzielpräzisierung besser als Rekonstruktion charakterisieren. Eine derartige Rekonstruktion hat im Gegensatz zu der oben skizzierten nachträglichen Rekonstruktion eine theoriegeleitete Lehrzieldefinition in jeweils gewünschtem Genauigkeitsgrad zum Ergebnis.

Da die Handlungsanweisung zur Konstruktion lehrzielvalider Testaufgaben von der Art und Weise abhängt, wie die Lehrziele definiert werden, wird im folgenden zunächst gezeigt, wie eine Lehrzielpräzisierung als Rekonstruktion in drei Schritten durchgeführt werden kann.

Ein Lehrziel wird bestimmt durch die Angabe eines Lehrstoffes und des dazugehörigen Kompetenzgrades, der festlegt, wie gut ein Schüler diesen Lehrstoff beherrschen soll (vgl. KLAUER 1974, S. 45f., sowie den Beitrag oben; SCHOTT 1975, S. 80f.). Da für die folgenden Überlegungen der Kompetenzgrad unerheblich ist, analysieren wir nur den Lehrstoff. Die Analyse wird, wie schon angedeutet, in drei Schritten durchgeführt. Dabei findet ein normiertes Beschreibungsverfahren Anwendung, das an anderer Stelle ausführlich beschrieben wurde (SCHOTT 1975, eine kurze

Übersicht dazu findet sich in SCHOTT 1976). Deshalb nennen wir die Rekonstruktion des genauen Lehrstoffes »normierte Lehrstoffanalyse«. Wir meinen, daß ohne eine derartige Analyse eine Konstruktion lehrzielvalider Testaufgaben nicht möglich ist und stellen daher der Aufgabenkonstruktion eine Rekonstruktion des Lehrstoffes voran. Wie man sehen wird, ist damit die Hauptarbeit für die Herstellung von Testaufgaben bereits getan. Die Vorgehensweise läßt sich so skizzieren:

Schritt 1: Der zu definierende Lehrstoff wird durch eine vorläufige Umschreibung eingeengt.

Schritt 2: Der vorläufig umschriebene Lehrstoff wird in Operationen zerlegt. Diese Operationen werden so miteinander verknüpft, daß ein Funktionsmodell der Fähigkeit, die den Lehrstoff beschreibt, entsteht. Als heuristisches Mittel dazu dient die Frage: Was müßte eine Maschine alles können, welche die fragliche Fähigkeit besitzt?

Schritt 3: Beschreibung der Operationen des zu definierenden Lehrstoffes mit einer normierten Sprache, so daß die fraglichen Teilfähigkeiten genau und textinvariant formuliert sind.

Die Ergebnisse von Schritt 2 oder Schritt 3 können Rückwirkungen auf die Ergebnisse vorhergehender Schritte haben, so daß man die drei Schritte unter Umständen mehrmals durchlaufen muß. Das Vorgehen erinnert an den hermeneutischen Zirkel. Tatsächlich wird in beiden Fällen eine Theorie rekonstruiert: hier über Operationen und ihren Zusammenhang in einem Funktionsmodell – dort über Begriffe und deren Zusammenhang innerhalb eines Interpretationsversuchs. Im folgenden soll die aus drei Schritten bestehende Lehrzielpräzisierung an einem Beispiel demonstriert werden. Dies kann allerdings in Anbetracht des hier gesteckten Rahmens nur ansatzweise geschehen.

II. Rekonstruktion eines Lehrstoffes

1. Vorläufige Umschreibung des Lehrstoffs

Als Beispiel für eine Konstruktion kontentvalider Testaufgaben aufgrund einer normierten Lehrstoffanalyse haben wir ein Thema gewählt, daß in der Sozial- bzw. Gemeinschaftskunde der Sekundarstufe behandelt werden kann: Die Rechtfertigung von Handlungsnormen mit einer Ziel-Mittel-Argumentation.[2] Mit dieser Wahl wollen wir dem häufig geäußerten Einwand begegnen, daß eine genaue Lehrzieldefinition und lehrzielorientierte Testung nur in genau vorstrukturierten Fachgebieten wie z.B. Mathematik oder nur bei »einfachem Faktenwissen« möglich sei. Der Aufwand, den wir hier treiben, mag groß erscheinen. Man sollte aber bedenken, daß eine genaue Vorstrukturierung etwa in der Mathematik, von der dann eine Lehrstoffbestimmung eines mathematischen Unterrichtsgegenstandes »zehrt«, auch nicht von alleine entstanden ist.

Wenn jemand zum Ausführen einer Handlung auffordert, so stellt er eine Handlungsnorm auf. Personen werden fortlaufend mit Handlungsnormen konfrontiert, die sie entweder sich selbst setzen oder die an sie herangetragen werden.

»Spanne den Regenschirm auf!« Dies ist eine Aufforderung zu einer bestimmten Handlung, also eine Handlungsnorm, die beispielsweise eine Person gegenüber einer zweiten äußern kann, wenn es während eines Spaziergangs zu regnen beginnt. Diese Handlungsnorm kann man begründen, indem man darauf hinweist, daß man unter dem aufgespannten Schirm nicht naß wird und diesen Effekt als Zweck der Handlung herausstellt.

»Es beginnt zu regnen, und wenn du den Schirm aufspannst, dann wirst du nicht naß. Du sollst nicht naß werden! Also: Spanne den Schirm auf!« Dies ist ein Beispiel einer Ziel-Mittel-Argumentation.

Zunächst wird ein Ziel-Mittel-Zusammenhang postuliert: Es wird eine Situation genannt (»es beginnt zu regnen«) und behauptet, daß in dieser Situation eine bestimmte Handlung (»den Schirm aufspannen«) einen Effekt bewirkt (»du wirst nicht naß«). Der Effekt wird dann als Zweck oder angestrebtes Ziel formuliert (»Du sollst nicht naß werden!«).

Schließlich wird der Ziel-Mittel-Zusammenhang zu einer Ziel-Mittel-Argumentation erweitert, indem die Handlungsnorm als

---

[2] Ein Ausgangspunkt für die Wahl dieses Themas war die Beschreibung der Ziel-Mittel-Argumentation im Rahmen der »Theorien der Erziehungswissenschaften« von König (1975). Wir haben diesen Gegenstand für unsere Zwecke etwas geändert. An dieser Stelle möchten wir uns für die wertvollen Hinweise bedanken, die wir in Diskussionen mit Herrn Diplompädagogen Lutz-Michael Alisch, Herrn Diplompsychologen Peter Dierig und Herrn Prof. Dr. Eckard König zu diesem Artikel erhielten.

Folgerung des aufgezeigten Zusammenhangs formuliert wird (»Also: Spanne den Schirm auf!«).

Es sei darauf hingewiesen, daß der Ziel-Mittel-Zusammenhang einen deskriptiven Wirkungszusammenhang enthält, so daß ein wichtiger Teil der Ziel-Mittel-Argumentation empirisch überprüfbar ist. So lassen sich im angeführten Beispiel die Behauptungen »es beginnt zu regnen« und »es beginnt zu regnen, und wenn du den Schirm aufspannst, dann wirst du nicht naß« in realen Situationen unmittelbar überprüfen.

Manchmal müssen die Mittel für einen bestimmten Zweck oder umgekehrt die Effekte eines Mittels erst gefunden werden. Ein derartiges Herstellen eines Ziel-Mittel-Zusammenhanges als Problemlöseprozeß beschreibt bereits DUNCKER in seiner »Psychologie des produktiven Denkens« (1935).

Normativ ist außer der Aufforderung zum Handeln auch der als Zweck ausgezeichnete Effekt. Solche Normen (z. B.: »Du sollst nicht naß werden!«) sind bekanntlich einer empirischen Überprüfung nicht zugänglich und können durch übergeordnete Normen (z. B.: »Du sollst Deine Gesundheit schonen!«) gerechtfertigt werden.

Auf eine detaillierte Ausführung der Probleme, die bei der Rechtfertigung einer Handlungsnorm durch eine Ziel-Mittel-Argumentation entstehen, muß hier verzichtet werden. Zum Beispiel gilt es schädliche Nebenwirkungen eines Mittels zu beachten und damit der Maxime »Der Zweck heiligt nicht die Mittel!« gerecht zu werden. Derartige Erweiterungen sind leicht zu treffen, sie werden aber weggelassen, weil hier nur das Prinzip der Konstruktion kontentvalider Testaufgaben aufgrund einer normierten Lehrstoffanalyse aufgezeigt werden soll. Entsprechend beschränken wir uns auf eine Ziel-Mittel-Argumentation, bei der eine einzige Handlung einen einzigen relevanten Effekt hervorruft.

Wir halten die hier skizzierte Ziel-Mittel-Argumentation für lehrenswert, weil sie sowohl bei alltäglichen Entscheidungen, in der Politik und auch in der Wissenschaftspraxis große Bedeutung hat. Vor dem in diesem Abschnitt skizzierten Hintergrund lautet die vorläufige Umschreibung des Lehrstoffes:

> Eine vorgegebene Handlungsnorm mit einer Ziel-Mittel-Argumentation begründen.

31

2. Zerlegung des vorläufig umschriebenen Lehrstoffs in Operationen und Konstruktion eines Funktionsmodells

Um den vorläufig umschriebenen Lehrstoff »Eine vorgegebene Handlungsnorm mit einer Ziel-Mittel-Argumentation begründen« genauer zu bestimmen, wollen wir ihn in Teilleistungen, d. h. in einzelne Operationen, zerlegen. Ein solches Vorgehen kann zu recht unterschiedlichen Operationen, die wiederum in mannigfaltiger Weise miteinander verknüpft werden können, führen. Welche Zerlegung ist zu wählen?

Zu Beginn dieses Beitrags wurde erläutert, daß man über die Validität einzelner Testaufgaben nur sinnvoll diskutieren kann, wenn man sich auf ein theoretisches Modell der zu messenden Fähigkeit bezieht. Ebenso verhält es sich bei der Zerlegung eines Lehrstoffes in Operationen. Dabei ist der theoretische Bezugsrahmen zweckmäßigerweise ein Funktionsmodell der fraglichen Leistung. Als Funktionsmodell bezeichnen wir einen Ablauf einzelner Teilleistungen, welche die fragliche Leistung zum Resultat haben. Bei dem Entwurf unseres Funktionsmodells lassen wir uns von der Frage leiten: »Wie muß eine Maschine beschaffen sein, damit sie vorgegebene Handlungsnormen mit einer Ziel-Mittel-Argumentation begründen kann?«. Bei einem solchen Funktionsmodell können verschiedene Voraussetzungen (z. B. psychologische) berücksichtigt werden. Weiterhin kann es einen unterschiedlichen Auflösungsgrad besitzen (wie z. B. die Maschinensprache eines Computers einen höheren Auflösungsgrad besitzt als eine Programmiersprache), es kann durch eine konkrete Maschine realisiert werden oder nur als ein abstrakter Funktionszusammenhang (z. B. als Flußdiagramm) formuliert werden. Wie man im Einzelfall ein solches Funktionsmodell konstruiert, hängt vom intendierten Zweck ab. Festzuhalten bleibt, daß, wie schon ausgeführt, ohne ein solches Funktionsmodell eine Diskussion über Teilleistungen eines umfangreicheren Lehrstoffes und damit die Präzisierung von Lehrstoffen und Lehrzielen wenig Sinn hat. Ein gutes Funktionsmodell eines Lehrstoffes zeichnet sich dadurch aus, daß es bei der Steuerung der Lehr- und Lernprozesse nützlich ist. Ohne den Rückbezug auf ein Funktionsmodell dürften derzeitige empiristische Bemühungen zur Analyse von Lehrziel- bzw. Lehrstoffhierarchien ebenso fruchtlos bleiben wie entsprechend theorielose Anwendungen der Faktorenanalyse in der Psychologie. Die hier vertretene Ansicht ist nicht völlig neu. Zum Beispiel weisen die Überlegungen von LANDA zur »Algorithmierung im Unterricht« bereits 1966 (deutsch 1969) in diese Richtung. Wir meinen aber, daß der hier geäußerte Gesichtspunkt bei der gegenwärtigen Diskussion um die Lehrstoff- bzw. Lehrzielbestimmung zu wenig eine Rolle spielt. So ist es nicht verwunderlich, daß zwischen den Extremen einer ultraoperationalen Festlegung von Kleindetails bei einer behavioristischen Lehrzieldefinition einerseits und einer ganzheitlich-diffusen Behandlung globaler Lehrzielformulierungen andererseits eine große Lücke klafft. Die hier vorgetragenen Vorschläge möchten helfen, diese Lücke möglichst ohne Genauigkeitsverlust zu schließen.

Abbildung 3 zeigt ein sehr einfaches Funktionsmodell zur Begründung einer Handlungsnorm mit einer Ziel-Mittel-Argumentation. Die figürliche Darstellung des Kastens mit Rädern möchte versinnbildlichen, daß die heuristische Frage »Wie ist eine Maschine zu konstruieren, die den fraglichen Lehrstoff beherrscht?« ein Vehikel zur Erstellung eines Funktionsmodells ist, und der Griff möchte daran erinnern, daß man die ganze Maschine beiseite schieben kann, wie man im täglichen Leben häufig Normenbegründungen beiseite zu schieben pflegt.

Im folgenden werden die Teilleistungen A bis E aus der Abbildung 3 kommentiert und durch Operationen festgelegt. Eine Zusammenstellung der Teilleistungen A bis E mit den dazugehörigen Operationen ist in Abbildung 4 dargestellt. Die Pfeile zwischen den Teilleistungen hierarchisieren den zeitlichen und sachlichen Ablauf.

Teilleistung A: Wenn der Maschine eine Handlungsnorm zur Begründung vorgelegt wird, so muß sie zunächst die betreffende Handlung identifizieren. Weiterhin muß sie feststellen, daß eine Aufforderung zur Ausführung dieser Handlung, d. h. eine Handlungsnorm vorliegt. Dazu werden lediglich die speziellen Merkmale der Handlung und der Aufforderung zu ihrer Ausführung aus dem Speicher abgerufen. Die gespeicherten Informationen sollen hierbei dem Vorwissen und den Erfahrungen eines Schülers der Sekundarstufe entsprechen. Diese Teilleistung wird im folgenden nicht durch eine Operation beschrieben, da sie trivial ist, wenn man voraussetzt, daß nur solche Handlungen

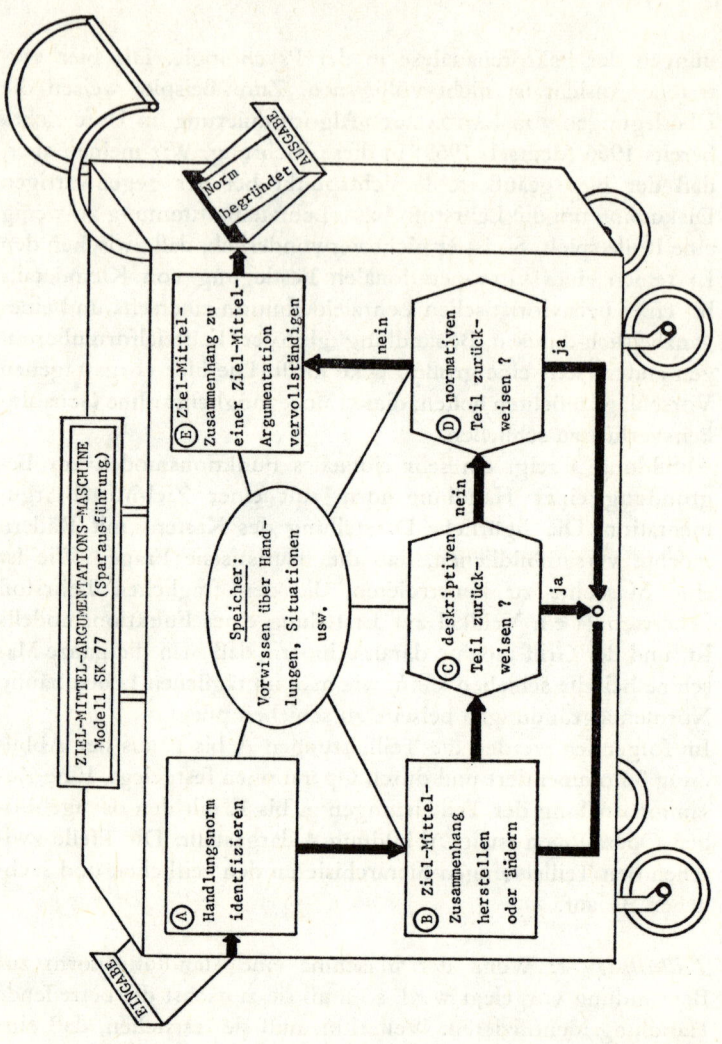

Abbildung 3: Funktionsmodell für den Ablauf von Teilleistungen, die erbracht werden müssen, wenn eine vorgegebene Handlungsnorm mit einer
Ziel-Mittel-Argumentation begründet wird. Es wird bei diesem Modell vorausgesetzt, daß eingegebene Handlungsnormen immer identifiziert werden
und daß immer ein Ziel-Mittel-Zusammenhang gefunden wird, der sich
empirisch nicht zurückweisen und zugleich rechtfertigen läßt. (Weitere Erläuterung im Text)

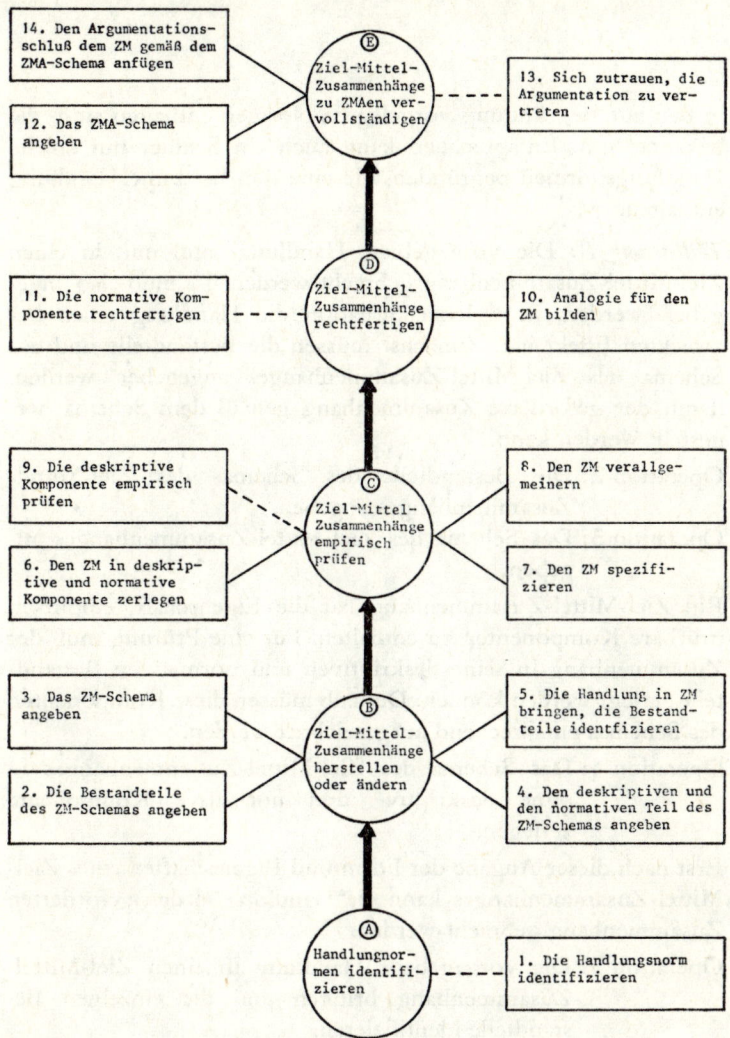

14. Den **Argumentations-schluß** dem ZM gemäß dem ZMA-Schema anfügen

12. Das ZMA-Schema angeben

(E) Ziel-Mittel-Zusammenhänge zu ZMAen vervollständigen

13. Sich zutrauen, die Argumentation zu vertreten

11. Die normative Komponente rechtfertigen

(D) Ziel-Mittel-Zusammenhänge rechtfertigen

10. Analogie für den ZM bilden

9. Die deskriptive Komponente empirisch prüfen

6. Den ZM in deskriptive und normative Komponente zerlegen

(C) Ziel-Mittel-Zusammenhänge empirisch prüfen

8. Den ZM verallgemeinern

7. Den ZM spezifizieren

3. Das ZM-Schema angeben

2. Die Bestandteile des ZM-Schemas angeben

(B) Ziel-Mittel-Zusammenhänge herstellen oder ändern

5. Die Handlung in ZM bringen, die Bestandteile identfizieren

4. Den deskriptiven und den normativen Teil des ZM-Schemas angeben

(A) Handlungnormen identifizieren

1. Die Handlungsnorm identifizieren

Abbildung 4: Ablauf der Teilleistungen A bis E des Funktionsmodells für den Fall, daß die Prüfung des deskriptiven und des normativen Teiles des Ziel-Mittel-Zusammenhanges auf Anhieb positiv ausfällt. Die Teilleistungen sind in den Kreisen dargestellt, die Pfeile deuten den Ablauf an. Die einzelnen Operationen sind in Rechtecken wiedergegeben. Die im folgenden ausführlich behandelten Operationen sind mit durchgezogenen Linien mit den Teilleistungen verbunden. Diese Abfolge von Teilleistungen ist also weder eine Lern- noch eine Leistungshierarchie (vgl. KLAUER 1976). »Ziel-Mittel-Zusammenhang« wird durch »ZM« abgekürzt und »Ziel-Mittel-Argumentation durch »ZMA«.

in den zur Begründung vorgelegten Normen enthalten sind, die bekannt sind. Entsprechend kann auch ein Schüler nur solche Handlungsnormen begründen, die eine ihm bekannte Handlung enthalten.

Teilleistung B: Die vorgegebene Handlung muß nun in einen Ziel-Mittel-Zusammenhang gebracht werden. Es muß also angegeben werden, in welcher Situation die Handlung einen bezweckten Effekt hat. Zunächst müssen die Bestandteile und das Schema des Ziel-Mittel-Zusammenhanges angegeben werden, damit der geforderte Zusammenhang gemäß dem Schema hergestellt werden kann.

Operation 2: Die Bestandteile des Schemas des Ziel-Mittel-Zusammenhanges angeben.

Operation 3: Das Schema des Ziel-Mittel-Zusammenhanges angeben.

Ein Ziel-Mittel-Zusammenhang hat die Eigenschaft, empirisch prüfbare Komponenten zu enthalten. Für eine Prüfung muß der Zusammenhang in seine deskriptiven und normativen Bestandteile zerlegt werden können. Deshalb müssen diese Komponenten des Schemas entsprechend ausgezeichnet werden.

Operation 4: Das Schema des Ziel-Mittel-Zusammenhanges in seine deskriptive und normative Komponente zerlegen.

Erst nach dieser Angabe der Form und Eigenschaften eines Ziel-Mittel-Zusammenhanges kann die Handlung in den geforderten Zusammenhang gebracht werden.

Operation 5: Die vorgegebene Handlung in einen Ziel-Mittel-Zusammenhang bringen und die einzelnen Bestandteile identifizieren.

Teilleistung C: Um einen einzelnen vorliegenden Ziel-Mittel-Zusammenhang empirisch prüfen zu können, muß zunächst die deskriptive von der normativen Komponente unterschieden werden.

Operation 6: Ziel-Mittel-Zusammenhang in deskriptiven und normativen Teil zerlegen.

Hier wird vorausgesetzt, daß eine Prüfung des deskriptiven Teils durchgeführt wird, wenn der Bedingungszusammenhang mit den gespeicherten Erfahrungen verglichen wird. Deshalb lassen wir die Operation 9 außer acht. Beispielsweise braucht nicht extra empirisch geprüft zu werden, daß man bei einem Spaziergang im Regen naß wird, wenn man nicht den Schirm aufspannt; so etwas weiß man aus Erfahrung.

Beim Prüfen eines Zusammenhanges spielen Spezifizierungen und Verallgemeinerungen seiner Bestandteile oft eine wichtige Rolle. Man erkennt z. B., daß der zu prüfende Ziel-Mittel-Zusammenhang ein Spezialfall eines schon bekannten Zusammenhanges ist. Diese Handlungen des Spezifizierens und des Verallgemeinerns werden durch die Operationen 7. und 8. repräsentiert.

Operation 7: Einen Ziel-Mittel-Zusammenhang spezifizieren.

Operation 8: Einen Ziel-Mittel-Zusammenhang verallgemeinern.

Teilleistung D: Ebenso wie das empirische Prüfen wird hier das Rechtfertigen eines Effektes auf bereits gespeicherte (vom Schüler internalisierte) Normen zurückgeführt und als eine Voraussetzung für das Argumentieren aufgefaßt, die nicht beschrieben zu werden braucht (Operation 11). Bei der Rechtfertigung werden Analogien gebildet, indem eine Norm auf einen anderen Erfahrungsbereich übertragen wird. Diese Handlung beschreibt die Operation 10, die auch bei der Teilleistung C eine Rolle spielen kann. Dies wird hier jedoch vernachlässigt.

Operation 10: Zu einem Ziel-Mittel-Zusammenhang eine Analogie bilden.

Teilleistung E: Nachdem die Maschine die vorgegebene Handlung in einen Ziel-Mittel-Zusammenhang gebracht und diesen geprüft und gerechtfertigt hat, kann nun eine vollständige Argumentation ausgeführt werden. Dazu muß zunächst das Argumentationsschema angegeben werden.

Operation 12: Schema der Ziel-Mittel-Argumentation angeben.
Dann muß die Argumentation gemäß dem Schema durchgeführt werden.

Operation 14: Dem Ziel-Mittel-Zusammenhang den Argumentationsschluß gemäß dem Schema der Ziel-Mittel-Argumentation anfügen.

Weiterhin haben wir in unserem Funktionsmodell den affektiven Aspekt der Argumentation durch die Operation 13 »sich zu trauen, die Argumentation zu vertreten« mit aufgenommen. Diese Operation wird wie die anderen drei Operationen, die in

Abbildung 4 durch gestrichelte Linien mit Teilleistungen verbunden sind, im folgenden nicht weiter behandelt, obwohl dies bei der hier vorgeschlagenen Verfahrensweise durchaus möglich wäre. Wir beschränken uns hier aus Platzgründen auf die Anwendung des Ziel-Mittel-Argumentations-Schemas auf konkrete Einzelfälle. Diesen Lehrstoff kann man nur durchnehmen, wenn die Schüler bereits Ziel-Mittel-Zusammenhänge und einfache Normenrechtfertigungen (etwa die Übertragung einer Hausordnung im Schullandheim auf den Einzelfall) kennen. Entsprechend rechnen wir hier alle Operationen mit gestrichelten Linien wie alles, was nicht ausdrücklich erwähnt wurde, zum Vorwissen der Schüler. Das vorgeschlagene Funktionsmodell ist recht einfach und kann sicher verbessert werden. Wer es als Ganzes oder in bestimmten Teilleistungen kritisiert, sollte angeben, an welchen Stellen und in welcher Weise er das Funktionsmodell ändern möchte. Somit fordert eine derartige Lehrzielpräzisierung zu einer konstruktiven Kritik auf.

3. Definition der Operationen mit einem normierten Beschreibungsverfahren

Die Bezeichnungen der Handlungen in der Lehrstoffdarstellung von Abbildung 4 sind letztlich Etiketten auf Gefäßen, die es nun regelgerecht zu füllen gilt.

a) Ein Ansatz zu einem normierten Beschreibungsverfahren

Die Verwendung der hier vorgeschlagenen Regeln zur Beschreibung von Tätigkeiten erlaubt es, Handlungen genau festzulegen, ohne daß man gezwungen ist, die einzelne Handlung bis ins Detail zu beschreiben, wie es ultra-operationale Konzepte fordern. Die Autoren verfolgen nicht diesen Weg, eine Klasse von Tätigkeiten wie beispielsweise »Aussagen konkretisieren« durch die genaue Beschreibung einzelner beobachtbarer Konkretisierungen festzulegen. Statt dessen wird der Versuch unternommen, Tätigkeiten durch die Definition ihrer klassenstiftenden Merkmale zu beschreiben. Die Gesamtheit der dabei zu verwendenden Regeln ist ein Teil eines normierten Beschreibungsverfahrens für Lehrstoffe, welches hier nur angedeutet und an anderer Stelle (SCHOTT 1975) ausgeführt wird. Bei der nun vorzunehmenden Verfeinerung unseres noch groben Funktionsmodells können natürlich auch andere normierte Beschreibungsverfahren verwendet werden. Ein Lehrstoff besteht für uns aus mindestens einer Operation. Eine Operation enthält jeweils einen Anfangszustand, einen Operator und einen Endzustand. Diese Begriffe werden nun an der Verhaltensklasse »Verallgemeinern« erläutert. Der Anfangszustand definiert dasjenige, was dem Schüler vorgegeben wird. Im Zusammenhang mit der Ziel-Mittel-Argumentation könnte eine Handlungsnorm wie »Hans, spanne den Schirm auf!« dem Schüler vorgegeben werden. Zur normierten Beschreibung dieses Zustandes wird der Sachverhalt in definierte Bausteine, nämlich in Elemente und Relationen zerlegt. Als Elemente werden Individuen, Eigennamen und Klassenbegriffe (oder auch ganze Sachverhalte) bezeichnet. **Schirm** ist ein solches Element. Relationen verknüpfen Elemente. Bei dem Sachverhalt »Hans spannt den Schirm auf« verknüpft die Relation **AUFSPANNEN** die Elemente **Hans** und **Schirm**. Relationen werden im Unterschied zu Elementen hier in Großbuchstaben geschrieben und den Elementen vorangestellt. Bei unserem Beispiel sieht das so aus:

AUFSPANNEN Hans, Schirm

Der derart repräsentierte Sachverhalt ist nun noch als Handlungsanweisung darzustellen, damit alle wichtigen Merkmale der Handlungsnorm beschrieben sind. Dies geschieht dadurch, daß man den Sachverhalt als ein Gebot bezeichnet. Eine normierte Repräsentation der Handlungsnorm »Hans, spanne den Schirm auf!« ist somit:

GEBOTEN (AUFSPANNEN Hans, Schirm)

Als einfache syntaktische Regel wird an dieser Stelle vereinbart, daß Sachverhalte, die mit Relationen verbunden sind, jeweils eingeklammert und Elemente durch Kommata voneinander getrennt werden. Sachverhalte werden auch durch Semikolons getrennt.

GEBOTEN (BEREITSTELLEN Person, Wetterschutz)

sei die Repräsentation eines Endzustandes. Hierbei werden die Begriffe der Handlung **(AUFSPANNEN Hans, Schirm)** durch Oberbegriffe im Sinne des genus proximum ersetzt und die Handlung wird dadurch verallgemeinert.

Der Operator besteht nun in der Änderungsregel, die festlegt, wie der Anfangszustand in den Endzustand zu verwandeln ist. Die gesamte Operation kann nun so dargestellt werden:

[GEBOTEN (AUFSPANNEN Hans, Schirm)] $< >$
[GEBOTEN (BEREITSTELLEN Person, Wetterschutz)]

Änderungsregel: Elemente und Relationen des Sachverhalts sind durch Oberbegriffe zu ersetzen.

Die Zustände werden durch eckige Klammern eingeschlossen. Zwischen den Zuständen steht das Operatorzeichen »$< >$«, das die Änderungsregel repräsentiert. Die so dargestellte Operation bestimmt eine von einem Lehrziel geforderte Leistung invariant gegenüber textlicher Ausformulierung und invariant gegenüber je einzeln beobachtbarem Schülerverhalten. Die so dargestellte Operation ist ein Spezialfall der Verhaltensklasse »Verallgemeinern« in folgender Art:

$$[X\ y, z] < >[X'\ y', z']$$

mit der Änderungsregel: X', y' und z' sind Oberbegriffe von X, y, z. Der allgemeine Fall aller hier erwähnten Operationen kann auf diese Weise dargestellt werden. Die Zustände bestimmen den Inhaltsaspekt und die Operationen den Verhaltensaspekt einer TYLERschen Lehrzielmatrix (vgl. dazu SCHOTT 1972). Wie man sich an dieser und den folgenden Operationen überzeugen kann, werden hier Verhaltensklassen nicht nur durch umschreibende Etikettierung charakterisiert, wie dies etwa bei der BLOOMschen Taxonomie (1956) der Fall ist, vielmehr wird hier die fragliche Leistung genau bestimmt. Die verwendeten Elemente, Relationen und gegebenenfalls die Operationen werden in einem Lexikon aufgelistet, das somit sämtliche Bausteine des Lehrstoffes enthält. Wir haben uns bei der Ausführung der folgenden Beispiele eng an die natürliche Sprache gehalten und auf das Ersetzen der Wörter durch Buchstaben verzichtet, ebenso auf die Verwendung speziell definierter Relationen. Weiterhin versuchen wir die Lesbarkeit dadurch zu erhöhen, daß wir in einzelnen Fällen von der Gepflogenheit, die Relationen vor die betreffenden Elemente zu schreiben, abweichen. Wir meinen, auf die Weise bereits eine beträchtliche Genauigkeit und Textinvarianz erreichen zu können und zwar ohne eine unmittelbare Verständlichkeit dafür preisgeben zu müssen.

b) Bestimmung der Operationen

Die Endzustände der Operationen 2, 3, 4 und 12 liegen gänzlich fest, da es jeweils nur genau einen Endzustand gibt. Die Operationen 5–11, 13 und 14 beschreiben Handlungen, die bei jedem beliebigen Ziel-Mittel-Zusammenhang ausführbar sind. Diese Operationen haben deshalb Modellcharakter. Um diese Eigenschaft besonders hervorzuheben, sprechen wir von Modell-Operationen. Um die Lesbarkeit der allgemein gehaltenen Darstellung zu erhöhen, wird jeweils ein Realisationsbeispiel – ein konkreter Fall der Modell-Operationen – gegeben. Bei Operationen, die keine Modell-Operationen sind, fallen demnach Realisationsbeispiel und Operation zusammen, sie sind identisch. Aus Darstellungsgründen verzichten wir im folgenden auf das Operatorzeichen und kennzeichnen den Ausgangszustand mit »S_0« und den Endzustand mit »S_n« (diese Abkürzungen kann man als »Situation Null« und »Situation n« lesen; zwischen diesen Situationen sind gegebenenfalls Zwischenzustände S_1, S_2, S_3, . . ., bis S_{n-1} denkbar).

Operation 2
»Bestandteile des Schemas des Ziel-Mittel-Zusammenhanges angeben.«
S_0 [BESTANDTEILE DES ZM-SCHEMAS (§)]
S_n [BESTANDTEILE DES ZM-SCHEMAS (Situation, Handlung, Effekt, GEBOTEN (Effekt))]
Änderungsregel: § durch festgelegte Elemente und Relationen ersetzen.
ZM wird als Abkürzung für »Ziel-Mittel-Zusammenhang« verwendet.

Operation 3
»Das Schema des Ziel-Mittel-Zusammenhanges angeben.«
S_0 [ZM-SCHEMA (§)]
S_n [ZM-SCHEMA ((Situation UND Handlung) BEWIRKEN (Effekt); GEBOTEN (Effekt))]
Änderungsregel: § durch festgelegte Elemente und Relationen in einer bestimmten Reihenfolge ersetzen.

Eigentlich müßte im Endzustand von Operation 3 noch zum Ausdruck gebracht werden, daß eine *bestimmte* Handlung in einer *bestimmten* Situation einen *bestimmten* Effekt bewirkt und daß *dieser* Effekt geboten ist. Dies kann man durch Anfügen des gleichen Index an Handlung, Situation und Effekt deutlich machen. Wir vereinbaren, daß wir im folgenden der einfachen Darstellung halber bei ausgeschriebenen Worten die Indizierung weglassen.

Die Reihenfolge der Elemente und Relationen bestimmt die Struktur und damit die Bedeutung des fraglichen Sachverhalts. Beispielsweise hat der im Endzustand von Operation 3 mit »**ZM-Schema**« bezeichnete Sachverhalt eine Struktur, die der Strukturgraph von Abbildung 5 wiedergibt. Das Semikolon ist in diesem Fall durch ein **UND** zu ersetzen. Ein Sachverhalt und

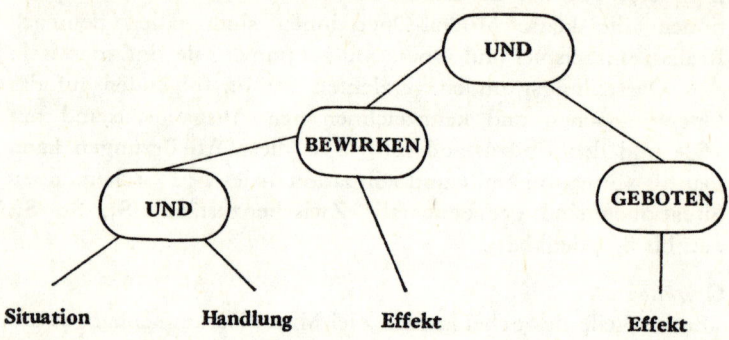

Abbildung 5: Strukturgraph eines Sachverhaltes

seine Struktur lassen sich leicht beschreiben und quantifizieren, wenn man ihn in seine Sachverhaltsdimensionen zerlegt (vgl. SCHOTT 1975, Seite 62 ff.). Darauf soll hier verzichtet werden. Festzuhalten bleibt, daß bei Operation 3 von den Schülern nicht verlangt wird, Wörter nur in einer Reihenfolge aufzuzählen. Vielmehr sind alle Wiedergaben des Sachverhaltes erlaubt, welche die hier festgelegte Struktur unter Verwendung der vorgegebenen Elemente und Relationen nicht verletzen. Zum Beispiel ist die Relation **UND** symmetrisch und entsprechend kann die Reihenfolge der mit **UND** verbundenen Bestandteile vertauscht werden.

Die Operationen 2, 3 und 4 beschreiben das Angeben bestimmter Bestandteile des Ziel-Mittel-Zusammenhanges. Der Anfangszustand zeichnet sich dadurch aus, daß ein unvollständiger Sachverhalt, nämlich lediglich der Name für etwas, vorgegeben wird. Die Operation ist ausgeführt, wenn der Endzustand (der vervollständigte Sachverhalt) angegeben ist. Beispielsweise beherrscht ein Schüler die Operation 3, wenn er auf die Frage »Was ist das Schema des Ziel-Mittel-Zusammenhanges?« angibt: »Das Schema des Ziel-Mittel-Zusammenhanges lautet: Eine Handlung in einer Situation bewirkt einen Effekt, der bezweckt ist.« Mit Operationen dieses Typs läßt sich beschreiben, was üblicherweise als »Faktenwissen« bezeichnet wird, setzt man einmal voraus, daß der vollständige Sachverhalt Gegenstand der Lehre war und nur reproduziert zu werden braucht. Dementsprechend kann das »Angeben« des Sachverhaltes in verschiedenen Formen, etwa durch mündliche oder schriftliche Äußerung geschehen.

Operation 4
»Den deskriptiven und den normativen Teil des Ziel-Mittel-Zusammenhanges angeben.«

S_o **[ZM-SCHEMA ((Situation UND Handlung) BEWIRKEN (Effekt); GEBOTEN (Effekt)); DESKRIPTIV ($\S$); NORMATIV ($\S$)]**

S_n **[ZM-SCHEMA ((Situation UND Handlung) BEWIRKEN (Effekt); GEBOTEN (Effekt)); DESKRIPTIV ((Situation UND Handlung) BEWIRKEN (Effekt)); NORMATIV (GEBOTEN (Effekt))]**

Änderungsregel: $\S$ jeweils durch festgelegte Elemente und Relationen in einer bestimmten Reihenfolge ersetzen.

Modell-Operation 5
»Die Handlung in einen Ziel-Mittel-Zusammenhang bringen und die einzelnen Bestandteile identifizieren.«

S_o **[A_i; (Situation UND Handlung) BEWIRKEN (Effekt) GEBOTEN (Effekt); SITUATION ($\S$); HANDLUNG ($\S$); EFFEKT ($\S$)]**

S_n **[((S_i) UND (A_i)) BEWIRKEN (E_i); GEBOTEN (E_i); SITUATION (S_i); HANDLUNG (A_i); EFFEKT (E_i)]**

Änderungsregel: Die Handlung A_i bewirkt in der Situation S_i den Effekt E_i. **Situation** durch S_i ersetzen; **Handlung** durch A_i und **Effekt** durch E_i ersetzen. $\S$ jeweils durch festgelegte Elemente und Relationen ersetzen.

A symbolisiert Handlungen, **S** Situationen und **E** Effekte. Die gleichen Indizes »i« geben an, daß die symbolisierten Sachverhalte in der geforderten Beziehung zueinander stehen. Bei dieser Operation wird eine Handlung und das Schema des Ziel-Mittel-Zusammenhanges explizit vorgegeben. Das Schema muß mit der gegebenen Handlung und entsprechend der im Gedächtnis gespeicherten Situationen und Effekte konkretisiert werden, wobei die verwendeten Sachverhalte als »Situation«, »Effekt« und »Handlung« bezeichnet werden sollen.

Realisationsbeispiel (1)

S_o [LOBEN Lehrer, Beteiligung des Schülers; (Situation UND Handlung) BEWIRKEN (Effekt); GEBOTEN (Effekt); SITUATION (§); HANDLUNG (§); EFFEKT (§)]

S_n [((SELTEN MITARBEITEN Schüler) UND (LOBEN Lehrer, Beteiligung des Schülers)) BEWIRKEN (VERSTÄRKT MITARBEITEN Schüler);

SITUATION (SELTEN MITARBEITEN Schüler);

HANDLUNG (LOBEN Lehrer, Beteiligung des Schülers); EFFEKT (VERSTÄRKT MITARBEITEN Schüler)]

Bei diesem Realisationsbeispiel wird dem Schüler die Handlung »Der Lehrer lobt die Beteiligung des Schülers« (am Unterricht) vorgegeben. Diese Handlung soll in einen Ziel-Mittel-Zusammenhang gebracht werden, wobei die einzelnen Bestandteile, die Situation, der Effekt u. s. w. als solche unterschieden werden sollen. Als bezweckter Effekt der Handlung wird im Beispiel die verstärkte Mitarbeit eines Schülers angegeben, und die seltene Mitarbeit dieses Schülers als die Situation. Diese Leistung entspricht exakt den Merkmalen der Modell-Operation 5.

Modell-Operation 6
»Ziel-Mittel-Zusammenhang in die deskriptive und die normative Komponente zerlegen.«

S_o [((S_i) UND (A_i)) BEWIRKEN (E_i); GEBOTEN (E_i); DESKRIPTIV ($§_b$); NORMATIV ($§_n$)]

S_n [((S_i) UND (A_i)) BEWIRKEN (E_i); GEBOTEN (E_i); DESKRIPTIV {((S_i) UND (A_i)) BEWIRKEN (E_i)}; NORMATIV (GEBOTEN (E_i))]

Änderungsregel: Die Handlung A_i bewirkt in der Situation S_i den Effekt E_i.

$§_b$ durch {((S_i) UND (A_i)) BEWIRKEN (E_i)} ersetzen;

$§_n$ durch (GEBOTEN (E_i)) ersetzen.

Diese Modell-Operation beschreibt die Unterscheidung von deskriptivem und normativem Teil bei einem beliebigen Ziel-Mittel-Zusammenhang. Während der Schüler bei Operation 4 den normativen und deskriptiven Teil des Schemas von Ziel-Mittel-Zusammenhang unterscheiden soll, hat er bei Modell-Operation 6 den normativen und den deskriptiven Teil eines einzelnen, vorliegenden Ziel-Mittel-Zusammenhanges auseinanderzuhalten. Dazu das folgende *Realisationsbeispiel (2)*

S_o [((SELTEN MITARBEITEN Schüler) UND (VERSTÄRKEN Lehrer, Beteiligung des Schülers)) BEWIRKEN (VERSTÄRKT MITARBEITEN Schüler); GEBOTEN (VERSTÄRKT MITARBEITEN Schüler); DESKRIPTIV ($\S_b$); NORMATIV ($\S_n$)]

S_n [((SELTEN MITARBEITEN Schüler) UND (VERSTÄRKEN Lehrer, Beteiligung des Schülers)) BEWIRKEN (VERSTÄRKT MITARBEITEN Schüler); GEBOTEN (VERSTÄRKT MITARBEITEN Schüler); DESKRIPTIV ((SELTEN MITARBEITEN Schüler) UND (VERSTÄRKEN Lehrer, Beteiligung des Schülers)) BEWIRKEN (VERSTÄRKT MITARBEITEN Schüler); NORMATIV (GEBOTEN (VERSTÄRKT MITARBEITEN Schüler))]

Modell-Operation 7
»Einen Ziel-Mittel-Zusammenhang spezifizieren.«
S_o [((S_i) UND (A_i)) BEWIRKEN (E_i); GEBOTEN (E_i)]
S_n [((S_j) UND (A_j)) BEWIRKEN (E_j); GEBOTEN (E_j)]
Änderungsregel: A_i ist eine Klasse von Handlungen, die in der Klasse von Situationen S_i die Klasse von Effekten E_i bewirkt. A_i, S_i und E_i werden durch A_j, S_j und E_j ersetzt.
A_j, S_j und E_j sind jeweils Teilklassen von A_i, S_i und E_i.
A_j, S_j und E_j beziehen sich entsprechend A_i, S_i und E_i aufeinander.

»Spezifizieren« heißt hier, daß Klassen von Situationen, Handlungen u.s.w. durch Teilklassen dieser Situationen und Handlungen ersetzt werden. »Verstärken« ist eine Klasse von Handlungen (als genus proximum), »Loben« kann eine Teilklasse dieser Klasse (als differentia spezifica) sein. Die Operation beschreibt also das

Angeben eines konkreten Beispiels für den vorgegebenen Zusammenhang. Dabei wird hier der einfachste Fall einer solchen Spezifizierung beschrieben, da keine weiteren Regeln angegeben werden, die beispielsweise die Teilklassen näher bestimmen, oder festlegen, inwieweit die auftretenden Elemente und Relationen ersetzt werden müssen. Im Realisationsbeispiel (3) wird das Element **Lehrer** nicht spezifiziert, dennoch entspricht die beschriebene Leistung der Modell-Operation 7.

Realisationsbeispiel (3)

S_o [((SELTEN MITARBEITEN Schüler) UND (VERSTÄRKEN Lehrer, Beteiligung des Schülers)) BEWIRKEN (VERSTÄRKT MITARBEITEN Schüler); GEBOTEN (VERSTÄRKT MITARBEITEN Schüler)]

S_n [((SELTEN FRAGEN STELLEN Hans) UND (LOBEN Lehrer, Fragen von Hans)) BEWIRKEN (OFT FRAGEN STELLEN Hans); GEBOTEN (OFT FRAGEN STELLEN Hans)]

Modell-Operation 8

»Einen Ziel-Mittel-Zusammenhang verallgemeinern«

S_o [((S_i) UND (A_i)) BEWIRKEN (E_i); GEBOTEN (E_i)]

S_n [((S_j) UND (A_j)) BEWIRKEN (E_j); GEBOTEN (E_j)]

Änderungsregel: Die Handlung A_i bewirkt in der Situation S_i den Effekt E_i. A_i ist Teilklasse von A_j, S_i ist Teilklasse von S_j, und E_i ist Teilklasse von E_j. A_j, S_j und E_j beziehen sich entsprechend A_i, S_i und E_i aufeinander. A_i, S_i und E_i werden durch A_j, S_j und E_j ersetzt.

Die Modell-Operation 8 ist die Umkehrung der Modell-Operation 7. Sie beschreibt die Verallgemeinerung eines spezifizierten Zusammenhangs. Das Realisationsbeispiel (4) zeigt die inverse Operation von Realisationsbeispiel (3).

Realisationsbeispiel (4)

S_o [((SELTEN FRAGEN STELLEN Hans) UND (LOBEN Lehrer, Fragen von Hans)) BEWIRKEN (OFT FRAGEN STELLEN Hans); GEBOTEN (OFT FRAGEN STELLEN Hans)]

S_n [((SELTEN MITARBEITEN Schüler) UND (VERSTÄRKEN Lehrer, Beteiligung des Schülers)) BEWIR-

KEN (VERSTÄRKT MITARBEITEN Schüler); GE-
BOTEN (VERSTÄRKT MITARBEITEN Schüler)]

Modell-Operation 10
»Für einen Ziel-Mittel-Zusammenhang eine Analogie bilden.«
S_o [((S$_i$) UND (A$_i$)) BEWIRKEN (E$_i$); GEBOTEN (E$_i$)]
S_n [((S$_j$) UND (A$_j$)) BEWIRKEN (E$_j$); GEBOTEN (E$_j$)]
Änderungsregel: Die Handlung A$_i$ bewirkt in der Situation S$_i$ den
Effekt E$_i$. A$_j$, S$_j$ und E$_j$ gehören einem anderen
Erfahrungsbereich als A$_i$, S$_i$ und E$_i$ an, und sie
beziehen sich entsprechend A$_i$, S$_i$ und E$_i$ auf-
einander. A$_i$, S$_i$ und E$_i$ werden durch A$_j$, S$_j$
und E$_j$ ersetzt.
Diese Operation beschreibt das Übertragen eines vorgegebenen
Ziel-Mittel-Zusammenhanges in einen anderen Erfahrungs-
bereich. Realisationsbeispiel (5) zeigt, wie ein Ziel-Mittel-Zu-
sammenhang aus dem Erfahrungsbereich »Unterricht« auf den
Erfahrungsbereich »Fußballspiel« übertragen wird.
Die Modell-Operation kann weiter präzisiert werden, wenn die
Unterschiedlichkeit der zu wählenden Erfahrungsbereiche und
die Übertragung der einzelnen Elemente und Relationen durch
Regeln festgelegt wird. Hier wird deutlich, daß Modell-Opera-
tionen auf verschiedenen Präzisionsebenen festgelegt werden
können. Diese Problematik wird im letzten Abschnitt dieses
Kapitels diskutiert.

Realisationsbeispiel (5)
S_o [((SELTEN MITARBEITEN Schüler) UND (VER-
STÄRKEN Lehrer, Beteiligung des Schülers)) BEWIR-
KEN (VERSTÄRKT MITARBEITEN Schüler); GE-
BOTEN (VERSTÄRKT MITARBEITEN Schüler)]
S_n [((KEINEN EINSATZ ZEIGEN BEIM Spieler, Fuß-
ballspiel) UND (ÖFTER ANSPIELEN Mitspieler, Spie-
ler)) BEWIRKEN (VERSTÄRKT EINSATZ ZEIGEN
BEIM Spieler, Fußballspiel); GEBOTEN (VERSTÄRKT
EINSATZ ZEIGEN BEIM Spieler, Fußballspiel)]

Operation 12
»Das Schema der Ziel-Mittel-Argumentation angeben.«
S_o [ZMA-SCHEMA (§)]
S_n [ZMA-SCHEMA (GEBOTEN (Handlung); {(Situation

UND Handlung) BEWIRKEN (Effekt); GEBOTEN (Effekt)} DARAUS FOLGT {GEBOTEN (Handlung)})]

Änderungsregel: § durch festgelegte Elemente und Relationen in der vorgegebenen Reihenfolge ersetzen.

Diese Operation ist mit den Operationen 2, 3 und 4 vergleichbar. Sie beschreiben das Angeben eines bestimmten Sachverhaltes.

Modell-Operation 14

»Den Argumentationsschluß dem Ziel-Mittel-Zusammenhang gemäß dem Schema der Ziel-Mittel-Argumentation anfügen.«

S_o [GEBOTEN (A_i); {$((S_i)$ UND $(A_i))$ BEWIRKEN (E_i); GEBOTEN (E_i)} DARAUS FOLGT {$§_g$}]

S_n [GEBOTEN (A_i); {$((S_i)$ UND $(A_i))$ BEWIRKEN (E_i); GEBOTEN (E_i)} DARAUS FOLGT {GEBOTEN (A_i)}]

Änderungsregel: Die Handlung A_i bewirkt in der Situation S_i den Effekt E_i. $§_g$ durch GEBOTEN (A_i) ersetzen.

Die Operation beschreibt das Vervollständigen eines Sachverhaltes nach einem vorgegebenen Schema und erscheint trivial. Ausdrücklich sei nochmals erwähnt, daß diese Operation nur ein Glied in einer Kette von Operationen ist, die zusammengenommen eine komplexe Operation, nämlich das Begründen der Handlungsnorm, präzise festlegen.

Realisationsbeispiel (6)

S_o [GEBOTEN (LOBEN Lehrer, Fragen von Hans); {((SELTEN FRAGEN STELLEN Hans) UND (LOBEN Lehrer, Fragen von Hans)) BEWIRKEN (OFT FRAGEN STELLEN Hans); GEBOTEN (OFT FRAGEN STELLEN Hans)} DARAUS FOLGT {$§_g$}]

S_n [GEBOTEN (LOBEN Lehrer, Fragen von Hans); {((SELTEN FRAGEN STELLEN Hans) UND (LOBEN Lehrer, Fragen von Hans)) BEWIRKEN (OFT FRAGEN STELLEN Hans); GEBOTEN (OFT FRAGEN STELLEN Hans)} DARAUS FOLGT {GEBOTEN (LOBEN Lehrer, Fragen von Hans)}]

c) Aufstellung des Lexikons

Die bei der Rekonstruktion des Lehrstoffs »Eine vorgegebene Handlungsnorm mit einer Ziel-Mittel-Argumentation begründen« verwendeten Operationen 2 bis 8, 10, 12 und 14 enthalten Ele-

Lexikon zum Lehrstoff: »Eine vorgegebene Handlungsnorm mit einer Ziel-Mittel-Argumentation begründen.«

1. Lexikoninvariante Elemente und Relationen

S_o, S_n, §, »Klammern«

2. Notwendige Elemente und Relationen

A_i, A_j : bestimmte Handlungen	BESTANDTEILE
E_i, E_j : bestimmte Effekte	DES ZM
Effekt	SCHEMAS,
Handlung	BEWIRKEN,
S_i, S_j, : bestimmte Situationen	DARAUS FOLGT,
Situation	DESKRIPTIV,
	GEBOTEN,
	NORMATIV,
	UND

3. In Beispielen verwendete Elemente und Relationen

Beteiligung des Schülers	AUFSPANNEN,
Fußballspiel	BEREITSTELLEN,
Hans	KEINEN EIN-
Lehrer	SATZ ZEIGEN
Mitspieler	BEIM,
Schirm	ÖFTER
Schüler	ANSPIELEN,
Spieler	SELTEN
Person	MITARBEITEN,
Wetterschutz	VERSTÄRKEN,
	VERSTÄRKT
	EINSATZ
	ZEIGEN BEIM,
	VERSTÄRKT
	MITARBEITEN

Tafel 1: Lexikon zum rekonstruierten Lehrstoff

mente und Relationen, die im Lexikon auf Tafel 1 aufgelistet sind. Die lexikoninvarianten Bestandteile (Punkt 1) können auch bei der Rekonstruktion anderer Lehrstoffe Verwendung finden und gehören gleichsam zum Gerüst der normierten Sprache. Die notwendigen Elemente und Relationen (Punkt 2) sind unverzichtbare Bestandteile des rekonstruierten Lehrstoffs, während die in den Beispielen verwendeten Elemente und Relationen (Punkt 3) durch andere ausgetauscht werden können. Die Elemente und Relationen werden jeweils getrennt alphabetisch aufgelistet. Ihre Bedeutungen dürften im beschriebenen Zusammenhang hinreichend klar sein. Deshalb werden Erläuterungen nur bei den Abkürzungen gegeben. Eine zusätzliche Auflistung der einzelnen Zustände der Operationen würde den Inhaltsaspekt, eine Auflistung der Operationen den Verhaltensaspekt des Lehrstoffes kennzeichnen (vergl. SCHOTT 1975, S. 121 ff.). Die unter Punkt 2 genannten Bestandteile des Lexikons beziehen sich gleichsam auf den »Kern« des Lehrstoffes. Hier darf im Unterricht nichts geändert werden, wenn man den Lehrstoff und damit das Lehrziel nicht ändern will. Punkt 3 hingegen bezieht sich auf den variablen Teil des Lehrstoffes, der vom Lehrer frei gewählt werden kann, ohne damit das Erreichen des Lehrzieles zu gefährden. Der Lehrer kann diesbezüglich ausgeprägte Erfahrungsbereiche seiner Schüler oder einen aktuellen Anlaß aufgreifen und in den Lehrstoff einbeziehen. Exemplarische Lehrstoffe müssen immer einen solchen variablen Teil enthalten. Hier zeigt sich, daß eine Lehrzielpräzisierung keineswegs die Unterrichtsgestaltung total festlegt, wie es häufig behauptet wird (vergl. dazu SCHOTT 1972, S. 45 ff.). Weiterhin wird deutlich, daß mit den wenigen Elementen und Relationen unter Punkt 2 sehr verschiedenartige Leistungen definiert werden können.

III. Konstruktion kontentvalider Testaufgaben

Nachdem mittels einer normierten Lehrstoffanalyse der zunächst nur vorläufig umschriebene Lehrstoff »Eine vorgegebene Handlungsnorm mit einer Ziel-Mittel-Argumentation begründen« in dem gewünschten Genauigkeitsgrad – etwa in dem hier ausgeführten – rekonstruiert worden ist, können nun kontentvalide Testaufgaben hergestellt werden. Dies möchten die folgenden

Beispiele demonstrieren. Weiterhin soll gezeigt werden, daß eine relativ objektive Überprüfung der Kontentvalidität von so konstruierten Testaufgaben ohne großen Aufwand möglich ist, wobei die Genauigkeit einer solchen Validitäts-Überprüfung weit über eine bei dieser Fragestellung sonst üblichen Experteneinschätzung hinausgeht. Um die Aufgabenkonstruktion und die Validitätsprüfung übersichtlich darstellen zu können, erklären wir diese Verfahren zunächst an »einfachen« Aufgaben.

1. Einfache Testaufgaben

Einfache Testaufgaben repräsentieren jeweils eine einzelne Operation, komplexe Testaufgaben dagegen mindestens zwei Operationen des Funktionsmodells. Wenn also eine Testaufgabe so konstruiert wird, daß sie genau die durch eine einzelne Operation festgelegte Leistung testet, dann handelt es sich um eine einfache Testaufgabe. Dagegen sind komplexe Testaufgaben so konstruiert, daß ihre Lösung die Durchführung mehrerer Operationen des Funktionsmodells verlangt. Die Konstruktionsanweisung für kontentvalide Testaufgaben muß gewährleisten, daß die hergestellten Aufgaben die definierten Operationen genau repräsentieren.

Die Prüfanweisung ist eine Anleitung für die Kontrolle der Kontentvalidität einer vorliegenden Testaufgabe. Die Konstruktionsanweisung weist also den Weg von der Operation zur dazugehörigen Testaufgabe, während die Prüfanweisung den Rückbezug dieser Testaufgabe auf die dazugehörige Operation herstellt. Dies möchte Abbildung 6 verdeutlichen.

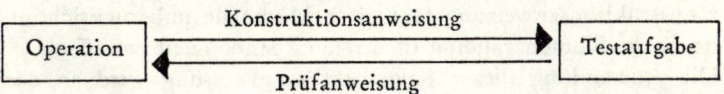

Abbildung 6: Beziehungen, die Konstruktionsanweisung bzw. Prüfanweisung zwischen Operation und dazugehöriger Testaufgaben stiften.

a) Anwendung der Konstruktionsanweisung

Eine Testaufgabe sei bezüglich einer Fähigkeit – hier als Operation definiert – kontentvalide, wenn zwei Kriterien erfüllt sind:

(1) Die Aufgabenstellung enthält alle im Anfangszustand angegebenen Merkmale und fordert zur Herstellung der Aufgabenlösung auf.

(2) Die richtige Lösung stimmt mit den festgelegten Merkmalen
des Endzustandes der Operation überein, sie stellt ein voll-
ständiges Realisationsbeispiel des Endzustandes dar.

Eine bezüglich dieser Kriterien geeignete Handlungsanweisung
zur Konstruktion kontentvalider Testaufgaben für die Operationen eines Funktionsmodells wird in Tafel 2 formuliert.

KONSTRUKTIONSANWEISUNG

zur Herstellung kontentvalider Testaufgaben für Operationen

1. Fertige eine Textfassung an, die genau den im Anfangszustand der Operation festgelegten Sachverhalt enthält!

2. Verbinde diese Textfassung mit einer Aufforderung an
die Testperson, ein Realisationsbeispiel des Endzustandes
herzustellen, das den Änderungsregeln der Operation
entspricht!

3. Verwende als Kriterium für richtige Aufgabenlösungen
den Endzustand der Operation!

Tafel 2: Anweisung zur Konstruktion einfacher Testaufgaben

Zwei wichtige Merkmale einer Testaufgabe sind ihre Form und
die Verständlichkeit des Aufgabentextes. Die hier formulierte
Konstruktionsanweisung läßt diese Merkmale unberücksichtigt,
da sie die Kontentvalidität im strengen Sinne nicht betreffen.

Die Anwendung dieser Konstruktionsanweisung wird an den
Operationen 5 und 10 erläutert. Die Operation 5 ist folgendermaßen festgelegt worden:

S_o [A_i; (Situation UND Handlung) BEWIRKEN (Effekt);
GEBOTEN (Effekt); SITUATION (§); HANDLUNG
(§); EFFEKT (§)]

S_n [((S_i) und (A_i)) BEWIRKEN (E_i); GEBOTEN (E_i);
SITUATION (S_i); HANDLUNG (A_i); EFFEKT (E_i)]

Änderungsregel: Die Handlung A_i bewirkt in der Situation S_i den Effekt E_i. **Situation** durch S_i ersetzen, **Handlung** durch A_i und **Effekt** durch E_i ersetzen. **§** jeweils durch festgelegte Elemente und Relationen ersetzen.

Nach Punkt 1 der Anweisung von Tafel 2 ist zunächst eine Textfassung des Anfangszustandes S_0 anzufertigen. A_i steht für eine einzelne Handlung, die der Testperson vorzugeben ist. Sie soll, wie alles im Anfangszustand der Operation, dem Schüler vertraut sein. Wir wählen: »Hans spannt den Schirm auf.« Das Zeichen »§« steht für eine Leerstelle, die es aufzufüllen gilt. So meint **SITUATION (§)**: »Situation ist . . .«

Die Testfassung des Anfangszustandes der Operation 5 lautet demnach:

Hans spannt den Schirm auf.

Eine Handlung bewirkt in einer Situation einen Effekt.

Dieser Effekt ist geboten.

Situation ist . . .; Handlung ist . . .; Effekt ist . . .

Gemäß Punkt 2 der Anweisung in Tafel 2 ist diese Textfassung mit der Aufforderung an die Testperson zu verbinden, ein Realisationsbeispiel des Endzustandes der Operation entsprechend der Änderungsregel herzustellen. Tafel 3 zeigt die so entstandene Testaufgabe. Die Handlung und das Schema des Ziel-Mittel-Zusammenhanges sind vorgegeben. Der Schüler wird entsprechend der Änderungsregel dieser Operation dazu aufgefordert, diese Handlung in einem als konkretes Beispiel formulierten Ziel-Mittel-Zusammenhang zu bringen und schließlich getrennt einzusetzen, was dabei als Situation, Handlung und Effekt zu bezeichnen ist.

Gemäß Punkt 3 der Konstruktionsanweisung auf Tafel 2 kann als Realisationsbeispiel des Endzustandes folgendes Beispiel als eine richtige Lösung gelten:

»Es beginnt zu regnen, und wenn Hans den Schirm aufspannt, dann wird er nicht naß. Hans soll nicht naß werden. Bei diesem Ziel-Mittel-Zusammenhang habe ich als Situation ›es beginnt zu regnen‹ gewählt, als Handlung ›Hans spannt den Schirm auf‹ eingesetzt und als Effekt ›Hans wird nicht naß‹ gewählt.«

Wir wählten als Aufgabenform (zu den verschiedenen Aufgabenformen vgl. Herbig 1976) eine Frage- und Ergänzungsform. In jedem Fall muß hier eine freie Aufgabenbeantwortung verlangt werden, weil sowohl Situation als auch Effekt im Anfangszustand der Operation nicht festgelegt und entsprechend vom Schüler selbst zu finden sind. Eine Mehrfachwahlaufgabe scheidet daher hier als verwendbare Aufgabenform aus.

Testaufgabe 1:

»Hans spannt den Regenschirm auf.«
Formuliere zu dieser Handlung ein Beispiel eines Ziel-Mittel-Zusammenhanges, der die folgende Form hat:
»Eine Handlung bewirkt in einer Situation einen Effekt. Dieser Effekt ist geboten!«

....

....

....

Ergänze die folgenden Sätze!
Bei diesem Ziel-Mittel-Zusammenhang habe ich

als Situation .... gewählt.

Als Handlung habe ich .... eingesetzt,

und als Effekt habe ich .... gewählt.

Tafel 3: Testaufgabe 1

Ein erfahrener Testaufgabenkonstrukteur mag bei Testaufgabe 1 einwenden, daß bei dieser Aufgabe zwei Leistungen geprüft werden, nämlich erstens »eine Handlung in einen Ziel-Mittel-Zusammenhang bringen und zweitens »Bestandteile dieses Zusammenhanges identifizieren.« An dieser Stelle gibt es zwei Möglichkeiten: entweder zerlegt man die Operation 5 in zwei Operationen und ändert damit das Funktionsmodell oder man hält Operation 5 als eine einzige bei, etwa so wie man eine Divisionsaufgabe stellt, die ja ihrerseits aus Multiplikationen, Subtraktionen und weiteren Teilleistungen besteht. So kann die Testaufgabenkonstruktion noch Rückwirkungen auf die Erstellung des Funktionsmodells haben.

Die Konstruktion von Testaufgaben zur Operation 9 kann entsprechend den erläuterten Verfahren vorgenommen werden. Diese Operation ist so festgelegt:

S_o [((S$_i$) UND (A$_i$)) BEWIRKEN (E$_i$); GEBOTEN (E$_i$)]
S_n [((S$_j$) UND (A$_j$)) BEWIRKEN (E$_j$); GEBOTEN (E$_j$)]

Änderungsregel: Die Handlung A_i bewirkt in der Situation S_i den Effekt E_i. A_j, S_j und E_j gehören einem anderen Erfahrungsbereich als A_i, S_i und E_i an, und sie beziehen sich entsprechend A_i, S_i und E_i aufeinander. A_i, S_i und E_i werden durch A_j, S_j und E_j ersetzt.

Wir konstruieren zu dieser Operation zwei Testaufgaben und wählen für S_i »es ist kalt«, bzw. »das Manuskript ist umfangreich« und für A_i »Anke zieht ihre Jacke an«, bzw. »die Schreibarbeit wird aufgeteilt« und für E_i »Anke friert nicht« bzw. »die Schreibarbeit ist in kurzer Zeit erledigt.« Gemäß der Konstruktionsanweisung von Tafel 2 ergeben sich dann die Testaufgaben 2 und 3. Sie finden sich auf den Tafeln 4 und 5 abgebildet. Als Endzustand ist ein Ziel-Mittel-Zusammenhang festgelegt, der analog zum vorgegebenen ist. Wir setzen hier voraus, daß die Testpersonen wissen, was mit dem Begriff »Analogie« gemeint ist, so daß die Aufforderung »Bilde eine Analogie für diesen Ziel-Mittel-Zusammenhang!« den herzustellenden Endzustand hinreichend klassifiziert. Die Aufgabenformen sind hier wieder so zu wählen, daß die Analogie frei geäußert wird, da im Anfangszustand der Opera-

---

Testaufgabe 2
»Es ist kalt, und wenn Anke ihre Jacke anzieht, dann friert sie nicht. Anke soll nicht frieren!«
Bilde eine Analogie für diesen Ziel-Mittel-Zusammenhang!

....

....

....

Tafel 4: Testaufgabe 2

tion nichts weiter als ein konkreter Ziel-Mittel-Zusammenhang vorgegeben ist. Eine Mehrfachwahlaufgabe scheidet daher aus. Die Testaufgaben 2 und 3 unterscheiden sich dahingehend, daß bei Aufgabe 2 eine völlig frei zu formulierende Antwort gefordert wird, während bei Aufgabe 3 ein Lückentext zu ergänzen ist. Diese Variation ändert nichts an Operation 10 und ist daher irrelevant. Die Wahl einer Mehrfachwahlaufgabe hingegen würde die Operation 10 ändern und damit nicht zu einer kontentvaliden Aufgabe führen.

»Es beginnt zu regnen, und wenn Barbara ihren Schirm aufspannt, dann wird sie nicht naß. Barbara soll nicht naß werden.« Dies ist eine Analogie, die dem definierten Endzustand in allen festgelegten Merkmalen entspricht und die auch als Antwort für die Testaufgaben 2 und 3 zulässig ist.

Testaufgabe 3

»Wenn das Manuskript umfangreich ist und die Schreibarbeit aufgeteilt wird, dann ist sie in kurzer Zeit erledigt. Die Arbeit soll in kurzer Zeit erledigt sein.«

Bilde eine Analogie für diesen Ziel-Mittel-Zusammenhang, indem Du den Lückentext ergänzt!

Wenn .... und ....

dann .... Es ist geboten, daß ....

Tafel 5: Testaufgabe 3

Will man vom Schüler verlangen, daß er eine Analogie bildet, die sich in ganz bestimmter Weise inhaltlich auf den vorgegebenen Zusammenhang bezieht, so muß dieses in der Operation festgelegt werden. Beispielsweise wird im Ziel-Mittel-Zusammenhang der Testaufgabe 3 der Effekt einer Arbeitsteilung angesprochen. Man kann nun festlegen, daß der zu findende analoge Zusammenhang ebenfalls den Effekt einer Arbeitsteilung zum Inhalt haben soll. Dies geschieht, indem die zu wählende Handlung spezifiziert wird. Somit wird der Schüler aufgefordert, einen analogen Ziel-Mittel-Zusammenhang für eine Arbeitsteilung zu finden.

Die Konstruktionsanweisung kann natürlich, ebenso wie die Darstellung der Operationen, noch genauer ausformuliert werden. So kann man einen Grad der genauen und expliziten Beschreibung erreichen, die es einem Computer erlaubt, aus den vorgegebenen Operationen kontentvalide Aufgaben zu generieren. Dazu reicht der hier verwirklichte Genauigkeitsgrad nicht aus, der jedoch, wie wir meinen, für viele Zwecke der Testaufgabenkonstruktion völlig ausreichend ist. Entsprechendes gilt für die im folgenden erläuterte Prüfanweisung zur Kontrolle der Kontentvalidität von Testaufgaben.

b) Prüfanweisung zur Kontrolle der Kontentvalidität

Will man bei einer einzelnen Testaufgabe überprüfen, ob sie kontentvalide bezüglich einer bestimmten Operation ist, dann geht man die in der Konstruktionsanweisung angegebenen drei Schritte gleichsam rückwärts (vgl. Abbildung 6). Nach Punkt 1 der Konstruktionsanweisung fertigt man eine Textfassung an, die genau den im Anfangszustand festgelegten Sachverhalt enthält. Entsprechend ist bei der Prüfung der Kontentvalidität einer Test- aufgabe zu kontrollieren, ob diese Textfassung dem Anfangszu- stand der betreffenden Operation genau entspricht. Zu diesem Zweck prüft man, ob Textfassung und Anfangszustand

1. genau dieselben Elemente enthalten (Überprüfung der Ele- mente-Dimension des Sachverhaltes);
2. genau dieselben Relationen enthalten (Überprüfung der Rela- tionen-Dimension des Sachverhaltes);
3. genau dieselbe hierarchische Verknüpfung der Elemente und Relationen haben (Überprüfung der Hierarchie-Dimension des Sachverhaltes). Eine solche hierarchische Verknüpfung wird durch einen Strukturgraph wie auf Abbildung 5 oder durch die Art der Verschachtelung der Klammern bei einem normiert dargestellten Sachverhalt repräsentiert.

Die drei genannten Sachverhaltsdimensionen werden an anderer Stelle ausführlich beschrieben (SCHOTT 1975, S. 62 ff.).

Gemäß dieser Ausführung wird eine Prüfanweisung zur Kon- trolle der Kontentvalidität von Testaufgaben formuliert. Sie findet sich auf Tafel 6.

Die zwei Punkte dieser Prüfanweisung entsprechen – wie schon erläutert – weitgehend den ersten beiden Punkten der Konstruk- tionsanweisung. Nur die Richtung des Vorgehens wird umge-

PRÜFANWEISUNG

zur Kontrolle der Kontentvalidität von Testaufgaben.

Die zu prüfende Testaufgabe ist kontentvalide, wenn die folgenden zwei Prüfungen positiv ausfallen:

1. Prüfe, ob die Aufgabenstellung der Testaufgabe mit dem Anfangszustand der betreffenden Operation hinsichtlich der drei Sachverhaltsdimensionen übereinstimmt! Sehe bei dieser Prüfung von der Aufforderung zur Herstellung der Aufgabenlösung ab!

2. Prüfe, ob die Aufforderung zur Herstellung der Aufgabenlösung die Merkmale des Endzustandes der betreffenden Operation enthält, welche die Testperson dazu führen, ein Realisationsbeispiel des Endzustandes entsprechend den festgelegten Änderungsregeln zu produzieren!

Tafel 6: Prüfvorschrift zur Kontrolle der Kontentvalidität einfacher Testaufgaben.

kehrt. Auf ein ausführliches Durchgehen der Prüfanweisung bezüglich der Testaufgaben 1 bis 3 wird hier verzichtet, weil der Zusammenhang dieser Aufgaben mit den dazugehörigen Operationen schon ausführlich erläutert wurde. Wir meinen, daß die Testaufgaben kontentvalide sind, und laden den Leser ein, diese Behauptung anhand der Prüfanweisung selbst zu testen.

2. Komplexe Aufgaben

An Hand des Funktionsmodells wurde die Leistung, eine vorgegebene Handlungsnorm mit einer Ziel-Mittel-Argumentation zu begründen, durch eine Abfolge von Operationen beschrieben. Komplexe Aufgaben repräsentieren die gesamte in den Abbildungen 3 und 4 dargestellte Operationenabfolge oder Teile davon, die mindestens zwei Operationen enthalten. Eine Operationenabfolge hat ebenfalls wie eine einzelne Operation einen bestimmten Anfangszustand sowie Änderungsregeln, die zu einem bestimmten Endzustand führen. Eine Operationenabfolge kann man also wiederum als eine einzige Operation, nämlich als eine Meta-Operation, darstellen. Die Konstruktion komplexer kontentvalider Testaufgaben läßt sich demnach durchführen, wenn man die auf Tafel 2 wiedergegebene Konstruktionsvorschrift auf eine Meta-Operation anwendet.

Da die Meta-Operation selbst wiederum eine einzige Operation darstellt, können nun komplexe Aufgaben wieder als einfache behandelt werden. Entsprechend läßt sich dann auch die Prüfanweisung zur Kontrolle der Kontentvalidität (Tafel 6) heranziehen.

Abschließend wird die Konstruktion einer Testaufgabe demonstriert, die das Beherrschen aller im Funktionsmodell festgelegten Teilleistungen repräsentiert. Anfangszustand ist dann das Vorliegen einer Handlungsnorm, z. B. »Die Schüler sollen im Landschulheim die Pflichten gleichmäßig untereinander aufteilen!« Der Endzustand besteht darin, daß eben diese Norm mit einer Ziel-Mittel-Argumentation begründet ist. Die Änderungsregeln entsprechen dem Ablauf des gesamten Funktionsmodells. Eine gemäß der Handlungsanweisung auf Tafel 2 konstruierte Testaufgabe findet sich auf Tafel 6. Eine Textfassung des Anfangszustandes (Punkt 1 der Handlungsanweisung) wird mit einer Aufforderung verknüpft, den Endzustand herzustellen (Punkt 2), Diese Aufforderung muß natürlich dem Schüler verständlich sein,

---

Testaufgabe 4

»Die Schüler sollen im Schullandheim die Pflichten gleichmäßig untereinander aufteilen!«

Begründe diese Handlungsnorm mit einer Ziel-Mittel-Argumentation!

....

....

....

Tafel 6: Testaufgabe 4

d.h. hier, er muß wissen, daß er nun entsprechend dem Funktionsmodell vorzugehen hat.

Als eine richtige Lösung kann folgendes Realisationsbeispiel des Endzustandes gelten (Punkt 3): »Im Schullandheim müssen die Schüler Pflichten übernehmen, und wenn sie diese gleichmäßig untereinander aufteilen, dann fühlen sich die meisten gerecht behandelt. Möglichst viele Schüler sollen sich gerecht behandelt fühlen! Also sollen die Schüler die Pflichten gleichmäßig untereinander aufteilen!«

Man kann die Kontentvalidität einer Testaufgabe als gegeben ansehen, wenn

1) Aufgabenstellung und die geforderte Aufgabenlösung der Testaufgabe Anfangs- und Endzustand der betreffenden Operation repräsentieren; oder wenn

2) zusätzlich zu 1) auch der Lösungsweg bei der Operation genau festgelegt ist und der geforderte Lösungsweg der Testaufgabe mit dem der Operation übereinstimmt.

Um dem zweiten Fall gerecht zu werden, müßte bei Testaufgabe 4 ausdrücklich die Angabe des Lösungsweges verlangt werden, damit nachgeprüft werden kann, ob die im Funktionsmodell festgelegten Teilleistungen erbracht werden. Beispielsweise ist eine diesbezüglich geeignete Aufforderung: »Begründe die Handlungsnorm mit einer Ziel-Mittel-Argumentation, indem Du die einzelnen Schritte dieser Argumentation schriftlich ausführst!« Zur richtigen Lösung gehört dann neben einem korrekten Realisationsbeispiel des Endzustandes die vollständige und richtige Abfolge der einzelnen Schritte, die zur Aufgabenlösung führen. In der Praxis dürfte dieser Fall häufig nur dann von Bedeutung sein, wenn Schüler die Aufgabe nicht im Sinne des Falles 1) lösen können. Dann kann eine Aufgabenstellung im Sinne des Falles 2) zu einer Fehleranalyse der Lösungsstrategie des Schülers dienen. Nach der erfolgten Fehleranalyse können dem Schüler individuelle Lernhilfen gegeben werden. Testaufgabe 4 läßt sich in eine Mehrfachwahlaufgabe abwandeln, indem man eine richtige Lösung wie die weiter oben ausgeführte mit weiteren falschen aber dennoch attraktiven Anwortalternativen vorgibt. Man ändert bei der Wahl einer solchen Aufgabenform die abzuprüfende Leistung von einem eigenständigen generieren der richtigen Lösung in ein Diskriminieren der richtigen von verschiedenen falschen Lösungen. Inwieweit die Mehrfachwahlaufgabe dennoch anstatt der hier verwendeten Aufgabenform verwendet werden darf, ist ein empirisch zu überprüfendes Problem, das nicht mehr die Kontentvalidität der Testaufgabe betrifft. Falls dies aufgrund empirischer Befunde möglich ist, impliziert das Lösen der Mehrfachwahlaufgabe die Transferleistung, auch die freie Antwortform zu diesem Thema beantworten zu können.

Zur Überprüfung der Kontentvalidität der Testaufgabe 4 wird die Prüfanweisung von Tafel 6 herangezogen. Nimmt man das gesamte Funktionsmodell unseres Lehrstoffbeispiels als eine Operation, dann besteht der Anfangszustand dieser Operation in:

S_o [GEBOTEN (A_i)]

Dabei sollte A_i eine den Schülern geläufige Handlung bezeichnen. Entsprechend kann die vorgegebene Handlungsnorm von Testaufgabe 4 als kontentvalide betrachtet werden (Punkt 1 der Prüfanweisung). Nun zu Punkt 2 der Prüfanweisung: Eine Aufforderung an die Testperson, diese Handlungsnorm mit der Ziel-Mittel-Argumentation zu begründen, ist eine Anweisung, genau das Produkt des Funktionsmodells herzustellen. Dieses Produkt ist der Endzustand der Meta-Operation, welche das gesamte Funktionsmodell repräsentiert. Dieser Endzustand lautet:

S_n [GEBOTEN (A_i); {$((S_i)$ UND $(A_i))$ BEWIRKEN (E_i); GEBOTEN (E_i)} DARAUS FOLGT {GEBOTEN (A_i)}]

wobei der deskriptive Teil geprüft und der normative Teil gerechtfertigt ist. Für A_i muß die vorgegebene Handlungsnorm, nämlich »Die Schüler sollen im Schullandheim die Pflichten gleichmäßig untereinander aufteilen!« stehen. Bei der Konstruktion der Testaufgabe 4 wurde vorausgesetzt, daß der verwendete Begriff »Ziel-Mittel-Argumentation« hinreichend festlegt, so daß die herzustellende Aufgabenlösung für die Testperson nicht weiter gemäß dem Endzustand spezifiziert zu werden braucht. Somit fällt die Prüfung gemäß Punkt 2 auch positiv aus.

Es ist möglich, auf einen ausformulierten Kriterienkatalog für richtige Aufgabenlösungen zu verzichten und für die Überprüfung der Richtigkeit einer einzelnen Aufgabenlösung den Endzustand der Operation heranzuziehen. Die angeführte Aufgabenlösung entspricht allen Merkmalen des Endzustandes S_n. Der Vergleich der Aufgabenlösung mit dem Endzustand ist einfach durchzuführen, weil die Merkmale richtiger Lösungen kurz, genau und textinvariant dargestellt sind. Das hier verwendete Verfahren der Lehrstoffanalyse erlaubt also den Verzicht langer und letztlich doch nicht eindeutiger Kriterienkataloge für die Überprüfung der Richtigkeit von Aufgabenlösungen.

IV. Diskussion

Eine Konstruktion lehrzielvalider Testaufgaben setzt die genaue Bestimmung des betreffenden Lehrziels voraus. Diese wird hier dadurch gewährleistet, daß mittels einer normierten Lehrstoffanalyse der Lehrstoff in dem gewünschten Genauigkeitsgrad rekonstruiert wird. Die drei Schritte dieser Rekonstruktion können an die drei Lehrzielebenen, wie sie von Christine MÖLLER (1969) und auch anderen Autoren konzipiert wurden (vgl. dazu KLAUER 1974, S. 72ff.), erinnern. Im Unterschied zu diesen Konzepten haben wir nicht die Absicht, von sehr allgemeinen Richtzielen zu speziellen Feinzielen über anzuzweifelnde Ableitungsverfahren zu gelangen. Entsprechend sind etwa die Begriffe »Grobziel« und »Feinziel« für unser Vorgehen nicht anzuwenden: Das Funktionsmodell bzw. die Meta-Operation, die es repräsentiert, sind ebenso genau bestimmt wie alle einzelnen Operationen dieses Funktionsmodells. Die Beziehungen der einzelnen Operationen untereinander und zum gesamten Funktionsmodell sind genau definiert; ein sogenanntes Deduktionsproblem von Lehrzielen existiert in dem gesteckten Rahmen nicht, weil alle Abhängigkeiten der Teilfähigkeiten durch eine Theorie, eben durch das Funktionsmodell, festgelegt sind. Die einzelnen Operationen sind nicht mit im Sinne MAGERS (1965) »operationalisierten« Lehrzielen zu verwechseln, weil die hier verwendeten Operationen unabhängig von beobachtbarem Verhalten Teilleistungen genau definieren. Das schließt natürlich nicht aus, daß diese Operationen, etwa zu Zwecken der Testkonstruktion, als beobachtbare Verhaltensweisen beschrieben werden können. Es wurde bereits bei der Aufstellung des Lexikons darauf hingewiesen, daß eine Operation im Gegensatz zu einem behavioristisch definierten Lehrziel auch dann genau bestimmbar ist, wenn es nicht um einzelnes konkretes Verhalten geht.

Die Genauigkeit der normierten Beschreibung des Lehrstoffes kann je nach Zweck einen unterschiedlichen Auflösungsgrad besitzen. So kennzeichnen die notwendigen Elemente unseres

Lehrstoff-Beispiels (vgl. Tafel 1) ganze Sachverhalte, nämlich Situationen, Handlungen und Effekte. Diese Sachverhalte können wiederum in Elemente und Relationen zerlegt werden wie, dies bei den verschiedenen Realisationsbeispielen erfolgt ist. Weiterhin kann versucht werden, alle Relationen auf Kombinationen von wenigen Standardrelationen zurückzuführen wie »Teil-Ganzes-Relationen« oder »raum-zeitliche Relationen« (vgl. DÖRNER 1976, S. 29 f.). Einen ähnlichen Versuch unternehmen RUMELHART und NORMAN (1975), wenn sie versuchen, Verben, Adjektive und Substantive in sogenannte »primitive meaning structures« zu zerlegen. Zum Beispiel kennzeichnen Verben wie »geben« und »nehmen« Zustandsänderungen, bei denen, verursacht von einem Akteur, ein Objekt seine räumliche und zeitliche Zuordnung ändert. Diese und ähnliche Ansätze werden gegenwärtig im Rahmen des eingangs erwähnten Forschungsprojektes auf ihre Eignung für eine normierte Lehrstoffanalyse geprüft. Ein diesbezügliches Sammelreferat ist in Vorbereitung.

Die aus Platzgründen nicht näher definierten Operationen lassen sich ebenfalls durch das normierte Beschreibungsverfahren darstellen. So ist im Anfangszustand von Operation 13 »sich zu trauen, die Ziel-Mittel-Argumentation zu vertreten« eine Variable für Situationen anzusetzen, in denen man Mut zur Argumentation braucht. Einzelne konkrete Situationen können im Lexikon unter Punkt 3: »In Beispielen verwendete Elemente und Relationen« aufgeführt werden. Ihre Auswahl wird auf die Adressaten abgestimmt. Entsprechend kann die Definition dieser Operation vervollständigt und es können nach den hier aufgestellten Regeln kontentvalide Testaufgaben konstruiert werden.

An dieser Stelle möchten wir ausdrücklich darauf hinweisen, daß der vorgestellte Ansatz helfen kann, Ziele der Verhaltenstherapie oder der pädagogischen Verhaltensmodifikation zu bestimmen. Die Anwendung einer psychologisch begründeten Lehrplanung wird nicht behindert, weil der vorliegende Ansatz keine Theorie des Lehrens und Lernens darstellt.

Das Funktionsmodell beschreibt lediglich eine Annahme über das Zusammenwirken von Teilleistungen beim Lösen einer komplexen Aufgabe. Es sollte also dem betreffenden Prozeß der menschlichen Informationsverarbeitung ähnlich sein. Das Funktionsmodell schreibt nicht vor, wie die beschriebenen Leistungen gelehrt bzw. gelernt werden sollen. Gleichwohl kann es eine Hilfe bei der Formulierung von Hypothesen zum Lehr-Lern-Prozeß sein, die dann empirisch zu prüfen sind.

Auf einen detaillierten Vergleich mit anderen Verfahren zur Konstruktion lehrzielvalider Testaufgaben wird hier verzichtet. Diese Verfahren und ihre Probleme werden u. a. von FRICKE (1974), HERBIG (1976), KLAUER (1972, 1974 sowie in diesem Band) RUPPRECHT (1972 und in diesem Band) und SCHOTT (1972, 1975) behandelt. Besonders möchten wir auf den Ansatz von STELZER und KINGSLEY (1975) hinweisen. Diese Autoren wenden eine axiomatische Verfahrensweise für die Bestimmung von umfangreichen Lehrstoffen an und konstruieren zu diesen Lehrstoffen auch Testaufgaben. Allerdings ist hierbei kritisch anzumerken, daß keine Anweisungen vorliegen, wie die einzelnen Sachverhalte genau darzustellen sind und daß die bei dieser Analyse entstehende sachlich zu begründende Hierarchie der Teilinhalte mit einer Fähigkeitshierarchie gleichgesetzt wird.

Der hier vorgetragene Ansatz steckt noch in den Kinderschuhen und muß sich daher einer eingehenden Kritik und einer ausführlichen Erprobung stellen. Insbesondere ist das normierte Beschreibungsverfahren noch entwicklungsbedürftig. Wir meinen jedoch, daß eine Konstruktion lehrzielvalider Testaufgaben prinzipiell nur durch ein Verfahren wie das hier vorgeschlagene möglich ist. Ein solches Verfahren kann eine empirische Überprüfung des jeweiligen Funktionsmodells und der empirischen Validität der Testaufgaben nicht ersetzen. Vielmehr stellt ein solches Verfahren die Voraussetzung für eine theoriegeleitete empirische Überprüfung der Konstruktion von Lehrstoffen und dazugehörigen Testaufgaben dar.

Text und Testaufgaben

Helmut Rupprecht

I. Texte und ihre Funktion im Unterricht

Im Unterrichtsgeschehen sind Texte neben dem mündlichen Vortrag des Lehrers und dem Einsatz visueller Medien ein wichtiges Hilfsmittel bei der Vermittlung von Wissen. Der Anteil der im Unterricht im Verhältnis zu den übrigen Medien verwendeten Texte ist von verschiedenen Faktoren abhängig. Einmal bestimmen fachspezifische Aspekte den Anteil der Texte im Unterrichtsgeschehen. Zum anderen ist der Anteil der Texte von den methodisch-didaktischen Überlegungen abhängig, nach denen der Unterricht geplant ist. Im Sonderfall des Programmierten Unterrichts wird der Text Träger des Unterrichts. Ebenso wird in pädagogischen und psychologischen Experimenten zur Erforschung des Unterrichts die unabhängige Variable, z.B. eine besondere Lehrform, häufig als Text den Versuchspersonen vorgelegt, um eine Standardisierung der Versuchsbedingungen zu gewährleisten.

Aus pädagogischer Sichtweise kann man zwei Klassen von Texten unterscheiden, die im Unterricht verwendet werden. Es sind einmal Texte, die als Lehrtexte oder Schulbuchtexte bezeichnet werden. Sie sind für den Unterricht didaktisch gestaltet und sie erfüllen in bezug auf Sprachform und Inhalt pädagogische und psychologische Anforderungen. Neben der Klasse von didaktisch gestalteten Texten werden im Unterricht Texte verschiedenster Art eingesetzt, die nicht besonders für den Unterricht gestaltet sind z.B. wissenschaftliche Texte, Gesetzestexte, historische Quellen.

Unabhängig davon, ob Texte didaktisch gestaltet sind oder nicht, haben sie im Unterricht vor allem die Funktion, dem Lernenden Information zu vermitteln, d.h. sie sind der Lehrfunktion »Information« zuzurechnen (KLAUER 1973, S. 63). Die didaktisch aufbereiteten Texte können darüber hinaus noch die Lehrfunktion »Motivation« übernehmen, indem sie den Lernenden zur Selbsttätigkeit anregen. Texte können auch für die Lehrfunktion »Kontrolle« bedeutend sein, wenn für diese Funktion Testaufgaben verwendet werden, die mit den im Unterricht verwendeten Texten im Zusammenhang stehen. Die Ausweitung der Lehrfunktionen, die im Zusammenhang mit Texten realisiert werden können, erscheint sinnvoll, da die im Text sprachlich kodierte Information den Zufällen des aktuellen Kommunikationsgeschehens, z.B. des Unterrichtsgesprächs, enthoben ist. Um dieses Ziel zu erreichen, sind Verfahren für die Konstruktion von Testaufgaben notwendig, die zu intersubjektiv übereinstimmenden Ergebnissen führen.

II. Das Verhältnis von Lehrsachverhalt und Text

Der Ausprägungsgrad der Kontentvalidität von Testaufgaben in bezug auf einen Text ist einmal davon abhängig, auf welche Art und mit welcher Präzision die Konstruktion der Testaufgaben vollzogen werden kann, und zum anderen ist er davon abhängig, in welchem Verhältnis der Text zum Lehrsachverhalt steht. Allgemein nimmt man an, daß ein Lehrsachverhalt textinvariant ist, so daß er in verschiedenen Texten unterschiedlich repräsentiert werden kann. Verschiedene Texte sind Paraphrasen eines Lehrsachverhalts, wenn eine hinreichende Repräsentation des Lehrsachverhalts in verschiedenen Texten gegeben ist. Es sind verschiedene Grade der Repräsentation eines Lehrsachverhalts im Text denkbar. Um hierfür begründete Entscheidungen fällen zu können, ist die Beschreibung eines Lehrsachverhalts in einem normierten Beschreibungssystem nützlich (SCHOTT 1975). Vor diesem Hintergrund kann dann der Grad der Adäquatheit der Repräsentation beurteilt werden. Eine andere Möglichkeit ist die Befragung von Experten, ob sie einen Text als adäquate Repräsentation anerkennen. Ein Text kann nur dann als Bezugspunkt für die Konstruktion kontentvalider Testaufgaben in Betracht kommen, wenn der Text den Lehrsachverhalt adäquat repräsentiert. Jede Veränderung der adäquaten Repräsentation beeinflußt die Validität der Testaufgaben in bezug auf den Lehrsachverhalt. Eine Identität von Text und Lehrsachverhalt ergibt sich, wenn der

Lehrsachverhalt selbst ein Text ist. Formuliert man z. B. ein Lehr-ziel: »Kenntnis der gegenwärtig gültigen Gesetze zum Jugend-schutz«, dann ist der Lehrsachverhalt identisch mit den gegen-wärtig gültigen Gesetzestexten zum Jugendschutz.

Die Art der Kontentvalidität von Testaufgaben, die sich auf Texte bezieht, kann man als eine partielle Kontentvalidität be-zeichnen, da sie nur den Inhaltsaspekt umfaßt. Eine vollständige Kontentvalidität von Testaufgaben ist entsprechend der Klassifi-kation des Lehrstoffs in einen Inhalts- und Verhaltensaspekt erst erreicht, wenn auch für den Verhaltensaspekt Kontentvalidität hergestellt werden kann. Eine genaue Beschreibung des Verhal-tensaspekts ist notwendig, um unter Einbeziehung von Texten kontentvalide Testaufgaben formulieren zu können. Es muß genau beschrieben werden, welches Verhalten an welchem Inhalt eines Textes oder Textteils gezeigt werden soll. Die genaue Be-schreibung des Lehrstoffs wirkt als Such- und Konstruktionsvor-schrift für Textinhalte, über die Testaufgaben formuliert werden.

III. Eine Konstruktionsmöglichkeit von Testaufgaben unter Einbeziehung von Texten

Die Beschreibung des Lehrstoffs nach Inhalts- und Verhaltens-aspekt kann als eine Anweisung aufgefaßt werden, mit deren Hilfe Testaufgaben unter Einbeziehung eines Textes formuliert werden können. Sie wirkt dann als Such- und Konstruktionsvor-schrift.

In einer Untersuchung über die Produktivität und Genauigkeit beim Erinnern von Textinhalten haben BROCKWAY, CHMIELEWSKI und COFER (1974) Aussagen konstruieren lassen. Von Versuchs-personen wurden nach dem Lesen eines Textes Aussagen über das Gelesene konstruiert. Die unterschiedlichen Konstruktionsanwei-sungen führten zu unterschiedlichen Aussagen. Bezugspunkt und Kriterium für die Unterschiedlichkeit der Aussagen war der vor-gegebene Text. In unserem Zusammenhang interessiert aus der Studie von Brockway et al. (1974) die Bedingung, unter der die Versuchspersonen aufgefordert waren, sich zu »erinnern«, und die Bedingung, daß die Aussagen »logische Erweiterungen und Folgerungen oder mit dem Text vereinbare Vorstellungen oder Assoziationen irgend einer Art« (Brockway et al., S. 197) enthalten sollten. Die konstruierten Aussagen wurden auf einer 7-Punkte-Rating-Skala in ihrer Beziehung zum Text eingeschätzt. Es zeigte sich ein signifikanter Unterschied zwischen den Aussagen unter der Bedingung »Erinnern« und unter der Bedingung »logische Erweiterung«. Die Aussagen, die logische Erweiterungen und Schlußfolgerungen des Textes enthielten, wurden in größerer Distanz zum Text eingeschätzt als die Aussagen unter der Bedingung »Erinnern«.

Die unterschiedliche Einschätzung kann als ein empirisches Indiz dafür angesehen werden, daß es mit Hilfe unterschiedlicher Anweisungen gelingt, unterschiedliche Aussagen über einen Text konstruieren zu lassen. Eine Analyse der Aussagen ergibt, daß die in geringer Distanz eingeschätzten Aussagen eine Reproduktion der im Text dargestellten Sachverhalte enthalten. Diese Aussagen lassen sich in Fragen transformieren. Derartige Fragen fordern zur Beantwortung die kognitive Fähigkeit, Sachverhalte aus dem Text zu reproduzieren. Die Semantik der in größerer Distanz zum Text eingeschätzten Aussagen geht über die Reproduktion von Sachverhalten hinaus. Die Aussagen sind entsprechend den Anweisungen Schlußfolgerungen und Erweiterungen, die sich auf die im Text dargestellten Sachverhalte gründen. Die Ergebnisse von Brockway et al. (1974) auf die Probleme der Aufgabenkonstruktion angewandt eröffnen die Möglichkeit, mit Hilfe von genauen Beschreibungen des Lehrstoffs, die als Such- und Konstruktionsvorschriften wirksam werden, für Texte Testaufgaben konstruieren zu lassen, die unterschiedliche kognitive Fähigkeiten prüfen.

Ein Beispiel:
Vom Schüler wird häufig die Fähigkeit verlangt, daß er Sachverhalte »nennen« und »unterscheiden« kann. Für einen Text aus der Betriebswirtschaftslehre, der sich mit Vorgängen beim Konkurs befaßt, kann man folgenden Lehrstoff definieren:
1. Die Aufgaben des Konkursverwalters *nennen* können.
2. Die Vermögenswerte *unterscheiden* können, die zur Konkursmasse gehören und die nicht zur Konkursmasse gehören.
Ein so definierter Lehrstoff verlangt vom Schüler folgende Fähigkeit:
zu 1 Er soll nennen können, daß der Konkursverwalter die Konkursmasse feststellt, verwaltet, verwertet und verteilt.

zu 2 Er soll unterscheiden können zwischen dem pfändbaren Vermögen des Gemeinschuldners zum Zeitpunkt der Konkurseröffnung und den Gegenständen im Besitz des Gemeinschuldners, die aber fremdes Eigentum sind.

Die Fähigkeiten können mit Fragen abgeprüft werden. Es wird vom Schüler zur Beantwortung die relativ einfache kognitive Fähigkeit gefordert, sich an im Text dargestellte Sachverhalte zu erinnern.

Eine andere Fähigkeit wird verlangt, wenn man für den vorliegenden Text folgendes Verhalten definiert:

3. Den Interessenkonflikt *beschreiben* können, der sich aus der Stellung des Konkursverwalters ergibt.

Im Text wird erwähnt, daß der Konkursverwalter »als amtliches Organ unparteiisch zu verfahren und sowohl die Interessen der Gläubiger als auch des Gemeinschuldners zu wahren« hat. Die Beschreibung eines Interessenkonflikts, der sich aus der Stellung des Konkursverwalters ergibt, erfordert, daß aus den Aussagen des Satzes Schlußfolgerungen gezogen werden, da der Interessenkonflikt selbst nicht erwähnt wird. Es genügt nicht, sich an im Text dargestellte Sachverhalte zu erinnern.

Im nachfolgenden Text sind die Stellen, auf den sich der Inhaltsaspekt des beschriebenen Lehrstoffs bezieht, unterstrichen. Die durchgezogene Linie gilt für 1, die doppelte Linie gilt für 2, und die unterbrochene Linie gilt für 3.

Stellung und Aufgaben des Konkursverwalters

Mit der Konkurseröffnung geht das Verwaltungs- und Verfügungsrecht über die Konkursmasse auf den Konkursverwalter über. 3) Er hat als amtliches Organ unparteiisch zu verfahren und sowohl die Interessen der Gläubiger als auch des Gemeinschuldners zu wahren. 1) Seine Aufgabe ist, die Konkursmasse festzustellen, zu verwalten, zu verwerten und zu verteilen. Für die Festellung muß über die Konkursmasse ein Inventar und eine Bilanz aufgestellt werden. 2) Zur Konkursmasse gehört das pfändbare Vermögen des Gemeinschuldners zum Zeitpunkt der Konkurseröffnung. Nicht dazu gehören Gegenstände, die sich zwar im Besitz des Gemeinschuldners befinden, aber fremdes Eigentum sind. Zur Verwaltung gehört die Wahrnehmung der laufenden Geschäfte, die Abwicklung schwebender Verträge, die Kündigung von Ausbildungs-, Dienst- und Mietverträgen, die Durchführung von Prozessen und die Ausübung des Anfechtungsrechts mit dem Zweck, Vermögenswerte in die Konkursmasse zurückzuholen. Die Verwertung besteht darin, daß der Konkursverwalter Gegenstände, die einen Markt- oder Börsenpreis haben, verkaufen kann. Alle anderen Gegenstände müssen öffentlich versteigert werden. Die Verteilung besteht darin, daß der Konkursverwalter zu Abschlagzahlungen berechtigt ist, sobald bare Geldmittel vorhanden sind.

Der nach Inhalts- und Verhaltensaspekt beschriebene Lehrstoff kann als Such- und Konstruktionsvorschrift wirken, die im Zusammenhang mit einem Text zu kontentvaliden Testaufgaben führt. Entsprechend den Ergebnissen von Brockway et al. (1974) kann man erwarten, daß Testaufgaben, die für die Fähigkeit »Erinnern« entwickelt werden, in geringerer Distanz zum Text eingeschätzt werden als die Testaufgaben für die Fähigkeit »Schlußfolgerungen ziehen«.
Um diese Hypothese zu überprüfen, wurde eine Pilotstudie durchgeführt, die sich an das Verfahren von Brockway anlehnt.
Es wurde 21 Studenten des Höheren Lehramts aus verschiedenen Fachrichtungen die Aufgabe gestellt, für den unter 1–3 definierten Lehrstoff je eine Testaufgabe zu formulieren. Die Studenten hatten den Text, auf den sich die Definitionen des Lehrstoffs bezogen, zur Verfügung. Anschließend wurde drei an der Konstruktion der Testaufgaben nicht beteiligten Studenten die Aufgabe gestellt, die Distanz der 63 Testaufgaben zum Text auf einer 5stufigen Rating-Skala einzuschätzen.

Identisch mit dem Textinhalt	Eng assoziiert mit dem Text- inhalt	Assoziiert mit dem Textinhalt	Vage assoziiert mit dem Text- inhalt	Hat nichts mit dem Textinhalt zu tun
Die gleiche inhaltliche Aussage wie im Text	Steht im engen Zusammen hang mit dem Text	Steht im Zu- sammenhang mit dem Text	Steht im unge- fähren Zusam- menhang mit dem Text	Völlig ohne Bezug zum Text
1	2	3	4	5

Fig. 1: Die 5stufige Rating-Skala

Die für die Fähigkeit »Erinnern« unter 1 und 2 entwickelten Testaufgaben unterscheiden sich nicht signifikant x^2 (3) = 2,04 < $x^2_{0.05}$ = 7,81 hinsichtlich ihrer Einordnung auf der 5stufigen Rating-Skala. Es ergab sich ein signifikanter Unterschied zwischen den Testaufgaben für die Fähigkeit »Erinnern« und »Schlußfolgerungen ziehen«; zwischen 1 und 3 x^2 (3) $= 46,72 > x^2_{0.001}$ $= 16,27$ und zwischen 2 und 3 x^2 (3) $= 41,48 > x^2_{0.001} = 16,27$.

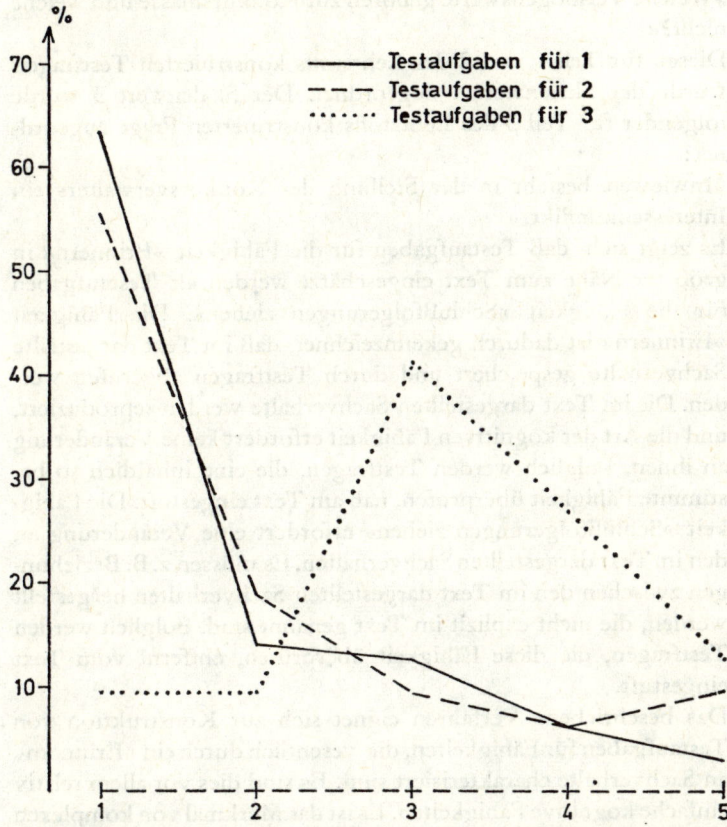

Fig. 2. Zuordnung der für den Lehrstoff 1–3 entwickelten Testaufgaben zu den Skalenwerten 1–5 der Rating-Skala in Prozentwerten

Die Ergebnisse können in der Weise interpretiert werden, daß es möglich ist, durch eine genaue Beschreibung des Lehrstoffs unter Einbeziehung eines Textes Testaufgaben für unterschiedliche kognitive Fähigkeiten konstruieren zu lassen. Diese Unterschiedlichkeit kann durch ein Rating in ihrem Inhaltsaspekt validiert werden.

Zur Konkretisierung seien einige der für den Lehrstoff entwickelten Testfragen erwähnt:

»Welche Aufgaben hat der Konkursverwalter in bezug auf die Konkursmasse?«

»Welche Vermögenswerte gehören zur Konkursmasse und welche nicht?«

Diesen für Teil 1 und 2 des Lehrstoffs konstruierten Testfragen wurde der Skalenwert 1 zugeordnet. Der Skalenwert 3 wurde folgender für Teil 3 des Lehrstoffs konstruierten Frage zugeordnet:

»Inwieweit besteht in der Stellung des Konkursverwalters ein Interessenkonflikt?«

Es zeigt sich, daß Testaufgaben für die Fähigkeit »Erinnern« in größerer Nähe zum Text eingeschätzt werden als Testaufgaben für die Fähigkeit »Schlußfolgerungen ziehen«. Die Fähigkeit »Erinnern« ist dadurch gekennzeichnet, daß im Text dargestellte Sachverhalte gespeichert und durch Testfragen abgerufen werden. Die im Text dargestellten Sachverhalte werden reproduziert, und die Art der kognitiven Fähigkeit erfordert keine Veränderung an ihnen. Folglich werden Testfragen, die eine inhaltlich so bestimmte Fähigkeit überprüfen, nah am Text eingestuft. Die Fähigkeit »Schlußfolgerungen ziehen« erfordert eine Veränderung an den im Text dargestellten Sachverhalten. Es müssen z. B. Beziehungen zwischen den im Text dargestellten Sachverhalten hergestellt werden, die nicht explizit im Text genannt sind. Folglich werden Testfragen, die diese Fähigkeit überprüfen, entfernt vom Text eingestuft.

Das beschriebene Verfahren eignet sich zur Konstruktion von Testaufgaben für Fähigkeiten, die wesentlich durch ein »Erinnern« an Sachverhalte charakterisiert sind. Es sind dies vor allem relativ einfache kognitive Fähigkeiten. Es ist das Merkmal von komplexen kognitiven Fähigkeiten, z. B. von »Analysieren«, »Problemlösen« und »Bewerten«, daß sie im Text dargestellte Sachverhalte verändern. Soll das beschriebene Verfahren auch für komplexe Fähigkeiten zu kontentvaliden Testaufgaben führen, dann ist eine genaue Beschreibung des Verhaltensaspekts in bezug auf den Text, der den Inhaltsaspekt repräsentiert, notwendig. Wenn sich für dieses Problem Lösungen finden lassen, dann ist das relativ ökonomisch praktizierbare Verfahren auch für komplexe kognitive Fähigkeiten an schwierigen Texten anwendbar.

Beurteilungsmodelle für die lehrzielorientierte Leistungsmessung

Manfred Herbig

I. Messen als statistische Entscheidung

Eine am Lehrziel orientierte Leistungsmessung will feststellen, ob ein Lehrziel erreicht ist oder in welchem Maße es erreicht ist (KLAUER 1972a, FRICKE 1974). Das Messen selbst ist als eine Handlungskette anzusehen, die dieses diagnostische Anliegen verfolgt. LORD & NOVICK (1968, S. 17) kennzeichnen Messen als ein »Zuordnen von Zahlen zu genau angegebenen Eigenschaften experimenteller Einheiten«, wobei bestimmte Beziehungen zwischen diesen experimentellen Einheiten zu kennzeichnen und festzuhalten sind. FRICKE (1972a, S. 17 ff.) entscheidet sich für die analoge Auffassung, das Messen als einen Abbildungsvorgang von einem »empirischen Relativ« auf ein »numerisches Relativ« zu interpretieren. Hilfreich ist die gemeinsame Betrachtung der beiden Variablen »wirklicher Zustand« und »Beurteilungsergebnis« in einem zweidimensionalen Schema (Abbildung 1), da sich hieran die zahlreichen bestehenden Schwierigkeiten verdeutlichen lassen.

a) Diskrete oder kontinuierliche (stetige) Variablen?
Beurteilungsergebnisse werden in der Regel diskret verstanden. Man verwendet mindestens zwei Abstufungen (bestanden/nicht bestanden) oder eine Notenskala mit unterschiedlicher Stufenzahl (beispielsweise sechs nach den derzeit gültigen Beschlüssen der Kultusministerkonferenz, zehn im FEGA-System von GAUDE & TESCHNER, zwanzig im Punktesystem der reformierten Kollegstufe). Dagegen erlauben beispielsweise relative Häufigkeiten (z.B.: $\frac{19}{25}$ sind richtig gelöst), durch die man die vorliegende Lösungswahrscheinlichkeit schätzt, kontinuierliche Beurteilungsergebnisse, wie es auch bei Rasch-Modellen und in gewissem Sinne

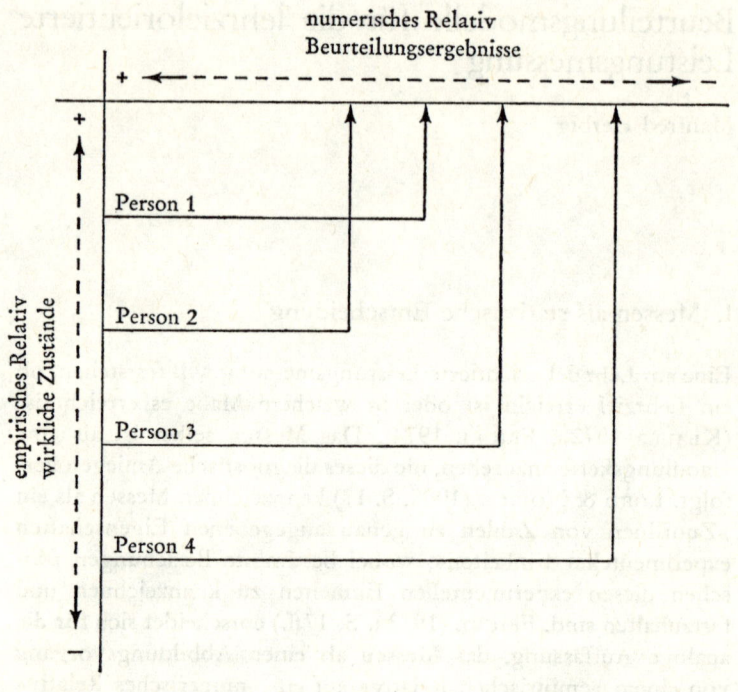

numerisches Relativ
Beurteilungsergebnisse

empirisches Relativ
wirkliche Zustände

Person 1

Person 2

Person 3

Person 4

Abbildung 1

bei Bayes-Modellen der Fall ist. Die Variable der »wirklichen Zustände« wird dagegen häufiger als kontinuierlich oder stetig angesehen, wobei man jedoch zur Vereinfachung meistens eine Gruppierung vornimmt. Diese führt häufig auf die Unterscheidung von nur zwei Zuständen (z. B. in EMRICKs Modell, Abbildung 2), die in amerikanischen Sprachgebrauch mastery und non mastery, im deutschen dagegen verschieden bezeichnet werden. Wir wählen hier »ausreichend/nicht ausreichend« oder »Ziel erreicht/Ziel nicht erreicht« als Sprechweisen. Die in der Lernpsychologie üblichen Unterscheidungen der Lernarten oder auch die in den Erziehungswissenschaften bekannt gewordene Hierarchie der Lernarten von GAGNÉ (1969) läßt keine eindeutige Aussage darüber zu, ob Lernen grundsätzlich als das Durchlaufen eines Kontinuums oder als ein Springen von einem Zustand zu einem anderen zu sehen ist. Sicher läßt sich das Reiz-Reaktions-Lernen (instrumentelles Konditionieren) und das Kettenlernen bei Gagné eher als kontinuierlicher Prozeß ansehen, während Signallernen (klassisches Konditionieren), Problemlösen und Regellernen eher als Beispiel für »Alles-oder-Nichts-Prozesse« zu sehen sind.

b) Ein- oder Mehrdimensionalität der Variablen?

Beurteilungsergebnisse sind meistens Zahlenwerte, die sich nur in einer Dimension, nämlich in ihrer Größe unterscheiden. Die wirklichen Zustände unterscheiden sich dagegen durch eine Fülle verschiedener Seinskategorien. Das Problem besteht darin, den Meßvorgang so einzurichten, daß ein möglichst eindimensionales Merkmal in dem Beurteilungsergebnis festgehalten wird. Sollen mehrdimensionale Variablen erfaßt werden, so sind dazu auch mehrere Dimensionen für die Beurteilungsergebnisse notwendig (beispielsweise mehrere Zahlenwerte, die in unterschiedlicher Weise zu interpretieren sind), oder es läßt sich auf verbale Beurteilungen ausweichen.

c) Beurteilungsfehler als Abbildungsfehler

In Abbildung 1 sind die das Messen symbolisierenden Abbildungspfeile für vier Personen eingezeichnet. Man sieht, daß gleiche Abstände zwischen Beurteilungsergebnissen nicht immer in der gleichen Weise interpretiert werden können (Personen 3 und 4 gegenüber Personen 3 und 2). Dies läßt sich besonders dann einsehen, wenn die Anzahl der Beurteilungsergebnisse kleiner als die Anzahl

| | | beurteilt als | |
		$+$	$-$
wirklicher Zustand	$+$	richtige Entscheidung $1-\alpha$	falsche Entscheidung α
	$-$	falsche Entscheidung β	richtige Entscheidung $1-\beta$

Abbildung 2: Schema zur Definition der Beurteilungsfehler und ihrer Auftretenswahrscheinlichkeiten bei zweiwertigen Entscheidungen (nach HERBIG 1976, S. 205)

der wirklichen Zustände ist. Darüber hinaus können sogar Vertauschungen der Reihenfolge durch Meßfehler auftreten, wie an den Personen 1 und 2 verdeutlicht. In den Beurteilungsmodellen von EMRICK (1969, 1971) und KLAUER (1972b) werden derartige Fehler explizit in die Überlegungen einbezogen. Die Abbildung 2 zeigt den Ansatz in der Form eines Vierfelderschemas, das die Fehler des α- und β-Typs berücksichtigt.

Die wirklichen Zustände werden in zwei mit + und — bezeichneten Klassen gruppiert, denen zwei Beurteilungsergebnisse gegenüberstehen. Die richtigen und falschen Entscheidungen haben *Auftretenswahrscheinlichkeiten*, die mit α, 1 — α, β und 1 — β bezeichnet sind. Nach dem Vorbild der klassischen Testtheorie gibt die *Urteilsvalidität* den Zusammenhang zwischen den beiden Variablen »wirklicher Zustand« und »Beurteilungsergebnis« als Korrelation wieder:

$$(1) \qquad \text{Val} = \frac{1 - \alpha - \beta}{\sqrt{1 - (\alpha - \beta)^2}}$$

Die *Urteilszuverlässigkeit* oder *-reliabilität* ist das Quadrat dieser Größe, nämlich:

$$(2) \qquad \text{Rel} = \frac{(1 - \alpha - \beta)^2}{1 - (\alpha - \beta)^2}$$

Für α = 0,05 als Wahrscheinlichkeit für die Klassifikation einer ausreichenden Leistung als »nicht ausreichend« und β = 0,10 als Wahrscheinlichkeit für die Klassifikation einer nicht ausreichenden Leistung als »ausreichend« erhält man beispielsweise die Validität 0,85 und die Reliabilität 0,72. Für ein Schema, das jeweils mehr als zwei Abstufungen berücksichtigt, zeigt sich ein komplizierterer Sachverhalt, da jeder richtigen Entscheidung eine Reihe von Fehlentscheidungen mit unterschiedlichen Auftretenswahrscheinlichkeiten gegenüberstehen.

II. Mathematische Versuchsanordnungen zur Modellierung des Lösungsverhaltens

Sehr starke Verbreitung haben binomiale Testmodelle gefunden. Sie zeichnen sich durch eine besonders einfache Handhabung aus. Die ihnen zugrundeliegende Binomialverteilung läßt sich sehr gut aus der folgenden *Versuchanordnung* ableiten:

In einem Gefäß (Urne) befinden sich Kugeln, die jeweils eine von zwei verschiedenen Farben haben (zum Beispiel schwarz und weiß), aber sonst gleich sind. Die Kugeln sind gut gemischt. Der einzelne Versuch besteht darin, daß eine Kugel gezogen und wieder zurückgelegt wird. Als *Ereignis* wird die Farbe der Kugel protokolliert. Nachdem der Inhalt des Gefäßes gut gemischt wurde, ist die Anordnung für den nächsten Versuch bereit.

Die Wahrscheinlichkeit für das Auftreten eines bestimmten Ereignisses (Treffer) – beispielsweise der Farbe schwarz – ist bestimmt durch das Verhältnis p der beiden Kugelarten in dem Gefäß. Ist p = 1 (nur schwarze Kugeln), so ist das Ereignis »schwarz« sicher, für p = 0 (nur weiße Kugeln) ist es ausgeschlossen. In der Regel liegt der Parameter p zwischen diesen beiden Extremen.

Man errechnet nun die Wahrscheinlichkeiten für Ereignisreihen einer Anzahl von N Versuchen und bestimmt daraus, mit welcher Wahrscheinlichkeit prob (x; N, p) genau x Treffer zu erwarten sind. Außer von x selbst sind diese Wahrscheinlichkeiten von der Versuchsanzahl N und dem Verhältnis p abhängig. Mit steigendem Wert p wandert das Maximum der Verteilung von prob (x; N, p) nach rechts, tritt also für einen um so höheren x-Wert auf. Die Versuchsanzahl N bewirkt wesentlich eine Verstärkung der Steilheit der Binomialverteilung. Zu weiteren Einzelheiten sei auf die einschlägigen Statistiklehrbücher und auf Ausführungen an anderer Stelle verwiesen (HERBIG 1976, S. 208).

Für die didaktische Anwendung sind die Analogien zwischen der beschriebenen Versuchsanordnung und dem Sachverhalt beim Lösen von Aufgaben zu erläutern:

1. Für jeden Versuch gibt es nur *zwei mögliche Ergebnisse*, nämlich schwarz und weiß. Dem entspricht, daß Aufgaben nur in zwei Kategorien (richtig oder falsch) bewertet werden können (dem entspricht nicht, daß man sich nur auf Aufgaben mit zwei Antwortmöglichkeiten beschränken muß).

2. Die *Gesamtzahl* möglicher Ziehungen ist *unbegrenzt*. Dem entspricht, daß es zu dem Lehrziel eine unbegrenzte Anzahl von Aufgaben gibt.

3. Bei jeder Ziehung kann *mit derselben Wahrscheinlichkeit ein Treffer* erzielt werden (zum Beispiel schwarze Kugel). Dem entspricht, daß die Wahrscheinlichkeit, eine richtige Lösung zu finden, für jede Aufgabe gleich groß ist.

4. Die einzelnen Ziehungen sind *unabhängig* voneinander. Dem entspricht, daß jede Aufgabe unabhängig von jeder anderen gelöst werden kann.

5. Alle Aufgaben eines Tests der Länge N beziehen sich *auf dasselbe Lehrziel*, auf das auch die Interpretation des Testergebnisses bezogen wird.

Wenn jeweils eine dieser Forderungen unberücksichtigt bleibt, ergeben sich verschiedene Verallgemeinerungen, die in der Leistungsmessung ebenfalls von Interesse sind, aber mathematisch erheblich schwieriger zu bewältigen sind als die Binomialverteilungen. Die einzelnen Fälle sind in Abbildung 3 übersichtlich dargestellt und werden im folgenden erläutert:

Zu 1: Die Anzahl der Kugelfarben erhöht sich, was mehr als zwei Bewertungskategorien entsprechen würde (zum Beispiel positiv/ neutral/negativ). Diese Erweiterung führt auf die *Multinomialverteilungen*, deren Wert für unsere Problembereiche noch kaum untersucht wurde, jedoch zweifelhaft scheint. Interessanter dürfte die Unterscheidung nach mehr als nur einem Merkmal (»Farbe« in der Versuchsanordnung) sein, da sich hier die Möglichkeit eröffnet, mehrdimensionale Beurteilungsmodelle besonders auch für Aufgaben mit freier Beantwortung zu entwickeln. Für unabhängige Merkmale ist es möglich, sukzessive Beurteilungen jedes einzelnen Merkmals mit Binomialmodellen vorzunehmen.

Zu 2: Von einer begrenzten Anzahl von Testaufgaben für ein Lehrziel gehen die *hypergeometrischen Verteilungen* aus. In der beschriebenen Versuchsanordnung kann dieser Fall dadurch vorgestellt werden, daß sich in dem Gefäß eine Anzahl von a Kugeln befindet und daß eine gezogene Kugel nicht mehr zurückgelegt wird. Theoretisch wäre immer dann auf diesen Fall zurückzugreifen, wenn außer dem Vorliegen einer begrenzten Aufgabenzahl keine der Aufgaben wiederholt gegeben werden kann. Die hypergeometrischen Verteilungen sind ebenfalls tabelliert (zum Beispiel GEIGY 1968), was für ihre Anwendung eine wesentliche Voraussetzung ist. Rechentechnisch ist jedoch bedeutsam, daß bereits für $a > 60$ – also für mehr als 60 Aufgaben – ein kaum noch erkennbarer Unterschied zur Binomialverteilung besteht (GEIGY 1968, S. 592).

Zu 3: Die Forderung gleicher Lösungswahrscheinlichkeiten liefert immer wieder den entscheidenden Angriffspunkt für die Kritik der binomialen Beurteilungsmodelle. Hierzu wird noch Stellung genommen werden. Läßt man diese Forderung unberücksichtigt, so ist die Versuchanordnung so abzuwandeln, daß N Kugeln aus k verschiedenen Gefäßen gezogen werden, die jeweils schwarze und weiße Kugeln in den Verhältnissen p_1, p_2, $\cdots$, p_k enthalten. FRICKE (1972b) spricht hier vom *verallgemeinerten Binomialmodell*.

Zu 4: Die Unabhängigkeit der einzelnen Ereignisse wird in zahlreichen Modellen gefordert. Sie ermöglicht es, daß die Wahrscheinlichkeit der durch das logische »und« verknüpften Ereig-

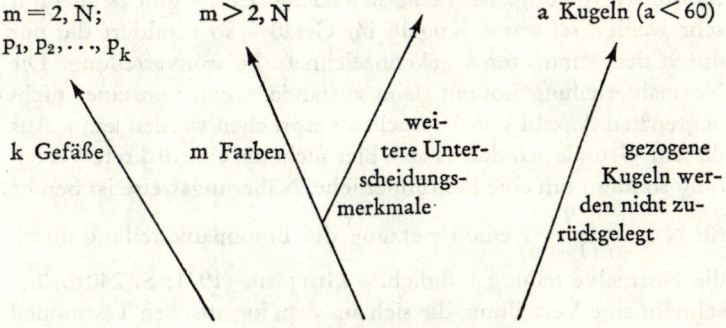

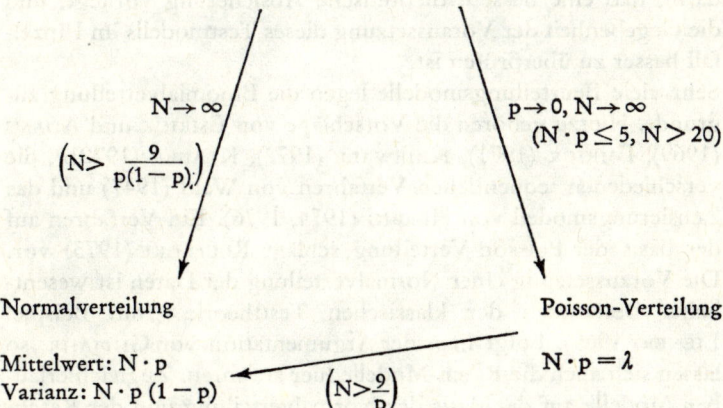

Abbildung 3 (nach HERBIG 1976)

nisse gleich dem Produkt der Einzelwahrscheinlichkeiten und die Wahrscheinlichkeit der durch »oder« verknüpften Ereignisse als Summe der Einzelwahrscheinlichkeiten errechnet werden kann. Anderenfalls ist mit bedingten Wahrscheinlichkeiten zu rechnen, was wiederum sehr aufwendig ist.

Die fünfte Forderung ermöglicht die lehrzielbezogene Interpretation der Aufgabenergebnisse, von ihr kann daher nicht abgewichen werden.

Poisson- und Normalverteilung ergeben sich als Spezialfälle der Binomialverteilung. Ist p eine sehr kleine Zahl – gibt es also nur sehr wenige schwarze Kugeln im Gefäß – so resultiert die nur durch den Parameter λ gekennzeichnete Poissonverteilung. Die Normalverteilung kommt dann zustande, wenn von einer nicht begrenzten Anzahl von Versuchen gesprochen werden kann. Aus diesem Grunde handelt es sich hier nicht um eine diskrete Verteilung sondern um eine kontinuierliche. Näherungsweise ist bereits für $N > \dfrac{9}{p\,(1-p)}$ eine Ersetzung der Binomialverteilung durch die Normalverteilung möglich. – GUTJAHR (1971, S. 240 ff.) beschreibt eine Verteilung, die sich aus dem logistischen Testmodell von Rasch ableiten läßt *(Raschverteilung)*. Diese Verteilung ist der Normalverteilung sehr ähnlich, woraus sich deutlich ergibt, daß das Testmodell von Rasch nur dort zur Anwendung kommen kann, wo auch Normalverteilungsmodelle ihre Berechtigung haben. Die Vorteile des Rasch-Modells bestehen dann jedoch darin, daß eine bessere theoretische Absicherung vorliegt, und die Gegebenheit der Voraussetzung dieses Testmodells im Einzelfall besser zu überprüfen ist.

Sehr viele Beurteilungsmodelle legen die Binomialverteilung zugrunde. Hierzu gehören die Vorschläge von EMRICK und ADAMS (1969), EMRICK (1971), KRIEWALL (1972), KLAUER (1972b), die verschiedenen sequentiellen Verfahren von Wald (1947) und das Zensierungsmodell von HERBIG (1974, 1976). Ein Verfahren auf der Basis der Poisson-Verteilung schlägt REULECKE (1975) vor. Die Voraussetzung einer Normalverteilung der Daten ist wesentlicher Bestandteil der klassischen Testtheorie (zum Beispiel LIENERT 1969). Folgt man der Argumentation von GUTJAHR, so lassen sich auch die Rasch-Modelle hier anführen. Zugleich erlauben Modelle auf der Basis der Normalverteilung und der Rasch-Verteilung jedoch auch unterschiedliche Aufgabenschwierigkeiten, so daß diese als nahestehend zur verallgemeinerten Binomial-verteilung gesehen werden können. Mit unterschiedlichen Aufgabenschwierigkeiten arbeiten auch die Modelle von NEDELSKY (1954) und das Zensierungsmodell von WANTMANN (1968). – Mehrdimensionale Beurteilungen empfahl DIEDERICH (1964) am Beispiel der Aufsatzbeurteilung. Auf diese Modelle wird in den nächsten Abschnitten eingegangen werden.

Zuvor kommen wir jedoch noch zu einer Modellvorstellung, die im Zusammenhang mit der sogenannten *Ratekorrektur* bei Mehrfachwahlaufgaben mit m Antwortalternativen immer wieder erwähnt wird. Die Modellierung geht davon aus, daß die eine richtige Antwortalternative entweder sicher gewußt wird oder eine der verbleibenden m — 1 falschen Antwortalternativen durch Zufall ausgewählt (geraten) wird. Hier werden also sowohl die Beurteilungs- als die wirkliche Variable diskret gesehen – speziell werden nur jeweils zwei Ausprägungen unterstellt (*dichotome* Variablen). Abbildung 4 zeigt die Auftretenswahrscheinlichkeit der richtigen und der falschen Lösung einer Aufgabe für Lernende, die das Lehrziel erreicht haben oder nicht erreicht haben. Bedeutsam ist, daß die Summe der Wahrscheinlichkeiten für eine richtige Lösung größer als die Summe für die Wahrscheinlichkeiten einer falschen Lösung ist, wie anhand der Spaltensummen ersichtlich. Wenn in einem Test nun r Aufgaben richtig und f Aufgaben falsch gelöst sind, so wird argumentiert, daß ein Teil der richtigen Lösungen durch Raten zustande gekommen ist. Der Testrohwert r wird daher um $\dfrac{f}{m-1}$ Punkte vermindert. Die Anzahl nicht bearbeiteter Aufgaben, sei dies aus Zeitmangel oder aus Vorsicht geschehen, werden bei der Korrektur nicht berücksichtigt. Sicherlich ist diese Methode geeignet, um das oberflächliche Raten einzudämmen. Im Folgenden werden fünf Argumente angeführt, die eine Ratekorrektur (auch: *Zufallskorrektur*; englisch: correction for guessing) besonders für den Bereich der schulischen Leistungsmessung zweifelhaft erscheinen läßt:

1. Hat ein Schüler ein Lehrziel nicht erreicht, so wird er in der Regel nicht durch blindes Raten, sondern aufgrund falscher oder lückenhafter Vorkenntnis die nach seiner Auffassung richtige Lösung auswählen. Die in diesem Modell unterstellte Lösestrategie trifft daher nicht die Realität und erlaubt auch keine didaktischen Konsequenzen für den Unterricht. Eine gute Distraktoren-

analyse und eine rationale Konstruktion der Distraktoren leistet hier bessere Dienste. Aber auch die Lösestrategie für den ausreichenden Schüler ist realitätsfern, da diesem ein völlig unfehlbares Auswählen der richtigen Antwort unterstellt wird, wie es nicht einmal Maschinen zugebilligt werden kann. Die Skepsis, die aus LIENERTs Empfehlung (1969, S. 83) spricht, ist so für unseren Bereich in besonderem Maße angeraten: »Man wird die Zufallskorrektur naturgemäß nur dann anwenden, wenn der Test das Raten nahegelegt oder wenn man bei der Durchsicht an der Häufigkeit der Falschantworten feststellt, daß tatsächlich in beachtlichem Umfange geraten wurde.«

2. Die Wahrscheinlichkeitsansätze von $p_+ = 1$ für den ausreichenden und $p_+ = \dfrac{1}{m-1}$ für den nicht ausreichenden Lernenden sind unrealistisch und daher fragwürdig. Im ersten Fall wird nämlich absolute Sicherheit unterstellt. Im zweiten Fall kann in das Raten auch die richtige Antwortalternative einbezogen werden, so daß $p_+ = \dfrac{1}{m}$ zu setzen wäre. Von dieser Wahrscheinlichkeit gehen beispielsweise auch KLAUER 1972b und SIXTL 1974 aus. – Besonders absurd wird der Ansatz $p_+ = \dfrac{1}{m-1}$ für den nicht ausreichenden Lernenden im Falle von Zweifachwahlaufgaben, da dieser dann nach Abbildung 4 sicher die richtige Lösung finden würde.

3. Die Ratekorrektur suggeriert, daß nur bei Mehrfachwahlaufgaben geraten wird. Bei Kurzantwortaufgaben mit freier Beantwortung (vgl. HERBIG 1976, S. 45 ff.) kann jedoch mit derselben Argumentation ein Raten unterstellt werden.

4. Die Ratekorrektur wirkt sich nur für die schlechteren Testpersonen aus und führt zu einer künstlichen Erhöhung des Abstandes zu den besseren und guten Testpersonen. An die Stelle einer notwendigen motivierenden Unterstützung tritt hier das Gegenteil. Sogar negative Punktwerte können in Einzelfällen auftreten.

5. Auch in empirischen Überprüfungen ließ sich der Aufwand der Ratekorrektur nicht rechtfertigen. DIAMOND & EVANS (1973) stellen in ihrem Sammelreferat eine Fülle von Befunden dar, die durch den Vergleich korrigierter und unkorrigierter Testwerte Aufschluß über die Veränderung der Testgütekriterien geben sollten. Nach keinem der Gütekriterien waren die korrigierten

Werte klar überlegen, so daß auch hieraus keine Argumente für die Ratekorrektur erwachsen.

		Beurteilung		
		+	—	
wirk- licher	+	1	0	1
Zustand	—	$\dfrac{1}{m-1}$	$\dfrac{m-2}{m-1}$	1
		$\dfrac{m}{m-1}$	$\dfrac{m-2}{m-1}$	

Abbildung 4

III. Binomiale Beurteilungsmodelle

Die Voraussetzungen für die Anwendung binomialer Beurteilungsmodelle sind bereits erwähnt worden. Die Binomialverteilungen, deren Gestalt vom Stichprobenumfang (Testlänge) N und von der Grundwahrscheinlichkeit p (Verhältnis der schwarzen und weißen Kugeln in dem Gefäß, Lösungswahrscheinlichkeit) abhängig ist, sind tabelliert. Am häufigsten findet man die Angabe der exakten Vertrauensgrenzen für den Parameter p, wenn eine bestimmte Trefferhäufigkeit x bei N Versuchen beobachtet wurde (zum Beispiel GEIGY 1968, S. 85 ff.) und die Integrale der Binomialverteilungen von 0 bis x für verschiedene Stichprobenumfänge N und Grundwahrscheinlichkeiten p (zum Beispiel WEINTRAUB 1963). Zunächst wird das von KLAUER empfohlene Binomialmodell (1972b) beschrieben, da dieses für eine praktische Anwendung besonders gut ausgearbeitet scheint und einfacher überschaubar ist als die verwandten Modelle von KRIEWALL (1972) und EMRICK (1971). Im Anschluß hieran werden dann das lehrzielorientierte Zensierungsmodell von HERBIG (1974, 1975, 1976) und die sequentiellen Verfahren abgehandelt werden.

KLAUER erläutert in seinem Aufsatz (1972b) *zwei verschiedene Prüf-strategien*, die aber letztlich auf dieselben *kritischen Punktwerte* führen. Unter dem kritischen Punktwert verstehen wir dabei die Mindestpunktzahl, die erreicht werden muß, damit der Lernende das Beurteilungsergebnis »bestanden« erhalten kann. In beiden Fällen wird von einer kontinuierlichen Variablen für den wirkli-chen Zustand und einer diskreten, speziell dichotomen Variablen für die Beurteilung ausgegangen. Ferner wird die Variable des wirklichen Zustandes *eindimensional* gesehen, um zu einer eindeu-tigen Interpretation des Testergebnisses zu gelangen. Wie zu er-läutern sein wird, wird bei beiden Strategien in erster Linie der Entscheidungsfehler des α-Typs (vgl. Abbildung 2) kontrolliert, weshalb dieses Modell an anderer Stelle (HERBIG 1976, S. 214ff.) als »Einfehlermodell« bezeichnet wurde. In der Prüfstrategie I wird von der Tatsache ausgegangen, daß eine beobachtete Anzahl richtiger Lösungen x bei insgesamt N gestellten Aussagen be-stimmte mögliche Lösungswahrscheinlichkeiten der überprüften Person wahrscheinlicher, andere dagegen nicht so wahrscheinlich sein lassen. Diese Lösungswahrscheinlichkeit entspricht dem An-teil p schwarzer und weißer Kugeln in der im vorigen Abschnitt beschriebenen Versuchsanordnung. Mit der höchsten Wahr-scheinlichkeit ist anzunehmen, daß p gleich $\frac{x}{N}$ ist, weshalb $\frac{x}{N}$ auch als Schätzwert für p bezeichnet wird. Jedoch kann die Lösungs-wahrscheinlichkeit p auch sehr weit von $\frac{x}{N}$ abweichen, wenn dies auch wenig wahrscheinlich ist. Man gelangt nun zum Begriff des *Konfidenzintervalls (Vertrauensintervall)*, indem man die Frage be-antwortet, in welchem Bereich p mit einer vorgegebenen Sicher-heit von 80% oder 90% oder 95% usw., allgemein: $1 - \alpha$ liegt. In der Statistik ist es üblich geworden, vorrangig mit Konfidenz-intervallen für 95% Sicherheit oder 99% Sicherheit zu arbeiten, was $\alpha = 0,05$ oder $\alpha = 0,01$ entspricht. Des weiteren wird noch eine Zielfähigkeit p_z unabhängig von der Gruppe der Testbear-beiter festgelegt, wobei curriculare und unterrichtsorganisatori-sche Erfordernisse zu berücksichtigen sind. KLAUER empfahl sei-nerzeit, auch für diese Größe entweder $p_z = 0,90$ oder $p_z = 0,95$ zu wählen. Der kritische Punktwert k ist für ein vorgegebenes N, p_z und α nun derjenige Wert x, in dessen Konfidenzintervall sich gerade noch p_z befindet.

Bei der Prüfstrategie II wird von der durch die Testlänge N und Zielfähigkeit p_z definierte Binomialverteilung ausgegangen. Gäbe es einen Testbearbeiter, der genau über die Lösungswahrscheinlichkeit p_z verfügt, so sind bestimmte Häufigkeiten richtiger Lösungen mit großer Wahrscheinlichkeit zu erwarten – mit der größten Wahrscheinlichkeit ist diejenige Anzahl richtiger Lösungen zu erwarten, die $N \cdot p_z$ am nähesten liegt – andere x-Werte sind dagegen verhältnismäßig selten. »Selten« wird – wie in der Statistik üblich – dadurch präzise definiert, daß man eine Auftretenswahrscheinlichkeit angibt, die üblicherweise wieder bei $\alpha \leqq 0,05$ oder $\alpha \leqq 0,01$ liegt. So läßt sich nun ein x-Wert bestimmen, der gerade nicht mehr in den Seltenheitsbereich hineinfällt. Dieser gibt dann den kritischen Punktwert an. Entsprechend diesem Ansatz konnten dann Tabellen für kritische Punktwerte berechnet werden, die als Eingangsvariablen Testlängen von $N = 2$ bis $N = 105$, Lösungswahrscheinlichkeit von $p_z = 0,6$ bis 0,975 und α-Fehler von 0,001 bis 0,1 umfassen (HERBIG 1974a).

Den β-Fehler steuert KLAUER durch die Angabe von *Mindesttestlängen*. Hierdurch wird erreicht, daß einer, der als »Lehrziel erreicht« klassifiziert wird, eine bestimmte Mindestfähigkeit hat, die wir mit p_a bezeichnen wollen. Beide Fehler werden von vornherein in gleichem Maße berücksichtigt in den Modellen von KRIEWALL (1972) und EMRICK & ADAMS (1969, EMRICK 1971). Man kann daher hier von *Zweifehlermodellen* (HERBIG 1976, S. 218) sprechen. KRIEWALL geht ebenfalls von einer kontinuierlichen Variablen für den wirklichen Zustand aus. Eigentlich unterscheidet er drei verschiedene Typen, nämlich den *Nicht-Könner* (nonmaster), der noch keine der für die Lösung der Aufgabe notwendigen Fertigkeiten besitzt, den *Könner*, bei dem alle Teilfertigkeiten für die Lösung des Problems gegeben sind, und den Zwischenbereich zwischen diesen beiden Extremen, der dadurch gekennzeichnet ist, daß bei Personen aus dieser Gruppe einige notwendige Fertigkeiten bereits beherrscht werden, andere dagegen nicht. Diese Formulierung deutet an, daß Kriewall von einer mehrdimensionalen Beschreibung des wirklichen Zustands ausgeht. Im Klassenraum ist nun ein Sektionsproblem zu lösen – und zwar sollen jeweils ähnliche Schüler zu einer Gruppe zusammengefaßt werden. Über die wirklichen Fähigkeitsverteilungen (proficiency distributions) benötigt KRIEWALL keine eindeutige Annahme für sein Beurteilungsmodell. Nach seiner Auffassung ist lediglich sicher, daß diese Fähigkeitsverteilungen nicht normal sind, sondern multimodal, bimodal oder trimodal. Normalität zeigt sich höchstens »im Kleinen« nämlich in der Nähe eines Modalwertes. KRIEWALL setzt nun eine Mindestwahrscheinlichkeit p_a, die mit sehr hoher Wahrscheinlichkeit überschritten werden soll, wenn der Test mit »bestanden« zu beurteilen ist, und eine Lösungswahrscheinlichkeit p_z, die mit großer Wahrscheinlichkeit als unterschritten zu gelten hat, wenn der Testbearbeiter nicht bestanden hat. Kriewall erhält so eine untere Grenze Z_1 für den Bereich der Könner und eine obere Grenze Z_2 für den Bereich der Nicht-Könner. Als kritischen Punktwert empfiehlt KRIEWALL nun die Mitte zwischen diesen beiden Grenzen. Diese Grenze ist natürlich verhältnismäßig willkürlich gewählt. Im folgenden Modell von EMRICK wird hierfür ein objektiveres Verfahren angegeben.

Das Verfahren von KRIEWALL kann anhand der bereits erwähnten Tabellen (HERBIG 1974a, vgl. auch HERBIG 1976, S. 248ff.) angewendet werden. Legt man die Fehlerwahrscheinlichkeit 0,05 für α und β fest (vgl. Abb. 2), sei ferner $p_a = 0,4$ und $p_z = 0,9$, so gilt für einen Test aus $N = 25$ Aufgaben: Wenigstens $z_1 = 15$ Aufgaben müssen richtig sein, damit die Lösungswahrscheinlichkeit größer als $p_a = 0,4$ ansehen werden kann; höchstens $Z_2 = 18$ Aufgaben dürfen richtig sein, damit die Lösungswahrscheinlichkeit kleiner als $p_z = 0,9$ anzusehen ist. Die Mitte dieser beiden Grenzen ist 16,5, so daß der Test also mit wenigstens $k = 17$ richtigen Lösungen bestanden ist.

EMRICKs Ansatz geht von der betriebswirtschaftlichen Annahme aus, daß ein Entscheidungsfehler Kosten verursacht. Nach Abbildung 2 treten sie mit den Wahrscheinlichkeiten α und β auf, wobei die Kostenindizes L_α und L_β genannt werden sollen. Bei einem Prüfverfahren sind dann $\alpha \cdot L_\alpha$ Kosten für α-Fehlentscheidungen und $\beta \cdot L_\beta$ Kosten für β-Fehlentscheidungen zu erwarten. Für die Gesamtkosten L gilt:

(3) $L = \alpha \cdot L_\alpha + \beta \cdot L_\beta$

EMRICKs Überlegungen zielen nun darauf hin, den kritischen Punktwert so zu wählen, daß diese Kosten minimal werden. Die Wahrscheinlichkeiten α und β werden über zwei Binomialverteilungen mit den Lösungswahrscheinlichkeiten p_a und p_z ($p_a < p_z$) berechnet, die jeweils von rechts und links bis zum kritischen

Punktwert k integriert werden. Dann wird der Differenzenquotient von L nach k gebildet und null gesetzt. Das Ergebnis ist, daß die minimalen Kosten dann auftreten, wenn gilt:

$$(4) \qquad k = \underbrace{\left[\underset{I}{N \cdot \log \frac{1-p_a}{1-p_z}} - \underset{II}{\log \frac{P^+}{1-P^+}} - \underset{III}{\log \frac{L_\alpha}{L_\beta}} \right]}$$

$$: \underset{IV}{\log \frac{p_z (1-p_a)}{p_a (1-p_z)}}$$

Für EMRICK stellt sich das Beurteilungsproblem folgendermaßen dar: Es sind zwei Personengruppen, nämlich die mastery-Gruppe mit der Lösungswahrscheinlichkeit p_z und die non-mastery-Gruppe mit der Lösungswahrscheinlichkeit p_a zu einer einzigen Gruppe zusammengefaßt worden. P^+ gibt an, welcher Anteil von mastery-Personen in der Gesamtgruppe anzutreffen ist. EMRICK geht also von einer dichotomen Variablen für den wirklichen Zustand aus. Das Problem besteht nun darin, die Gruppe wieder zu teilen und dabei möglichst wenig Folgekosten L durch eventuelle Fehlklassifikationen zu verursachen. Die Lösung des Beurteilungsproblems wird um so einfacher, je größer der Unterschied von p_a und p_z ist. Dieser Einfluß wird in der Formel (4) durch die Terme I und IV erfaßt. Es zeigt sich, daß k bei Berücksichtigung nur dieser beiden Terme proportional zur Testlänge N ansteigt –
$\frac{k}{N}$ also ein konstanter Wert ist.

Das Beurteilungsproblem wird auch davon beeinflußt, daß man weiß, wie viele Personen zu der einen und wie viele zu der anderen Gruppe gehören, was durch die Wahrscheinlichkeiten P^+ und $1 - P^+$ erfaßt wird. Der Term II in Formel (4) berücksichtigt diesen Einfluß, indem eine von der Testlänge N unabhängige Größe subtrahiert (falls $P^+ > 0,5$) oder addiert wird (falls $P^+ < 0,5$). In Term III gehen schließlich die Kostenindizes L_α und L_β ein, indem ebenfalls eine von der Testlänge N unabhängige Größe zu subtrahieren (falls $L_\alpha > L_\beta$) oder zu addieren ist (falls $L_\alpha < L_\beta$). Hervorzuheben ist hierbei, daß nur das Kosten*verhältnis*, nicht aber die Kosten in ihrer absoluten Höhe berücksichtigt werden. Für das oben in Zusammenhang mit Kriewalls Modell erwähnte Beispiel ergibt sich für $P^+ = 0,5$ und $L_\alpha = L_\beta$ der kritische Punktwert k = 17,2, was auch wieder auf den praktischen Wert k = 17 führt.

Eine Reihe von Schwierigkeiten sind jedoch kennzeichnend für das Modell von EMRICK und ADAMS, vermutlich wurden sie aber unter dem Eindruck der mathematischen Kompliziertheit der Formel für den kritischen Punktwert häufig nicht erwähnt (FRICKE 1974). In der Formel fällt nämlich auf, daß die absolute Größe der Fehlerwahrscheinlichkeiten α und β gar nicht berücksichtigt wird. Wohl ist erreicht, daß durch die Wahl von k die Wahrscheinlichkeiten minimal gehalten werden, man weiß jedoch nicht, wie hoch sie wirklich sind. Je dichter die beiden Lösungswahrscheinlichkeiten p_a und p_z beieinander liegen, desto größer werden nämlich die Fehlerwahrscheinlichkeiten. Ein weiteres wesentliches Problem ist der berücksichtigte Anteil von Könnern und Nichtkönnern in der Großgruppe, was durch die Wahrscheinlichkeiten P^+ und $(1 - P^+)$ Berücksichtigung findet. In der Regel wird man dieses Verhältnis nicht kennen, bevor der Test nicht ausgewertet ist. Wäre das Verhältnis von vornherein bekannt, so gäbe es eine einfachere Methode der Klassifizierung, indem nämlich die Rangreihe der getesteten Personen aufgrund der Testergebnisse gebildet und die Gruppe dann entsprechend dem bekannten Verhältnis geteilt wird. So ist also anzunehmen, daß der Anteil P^+ in der Regel nicht bekannt ist, sondern aufgrund der Testergebnisse herausgefunden werden muß. Als Konsequenz ergibt sich nun eigentlich ein iteratives Vorgehen: Im ersten Schritt geht man etwa von $P^+ = 1 - P^+ = 0,5$ aus und bestimmt hiermit den kritischen Punktwert, der die Gesamtgruppe in eine gewisse Anzahl von Könnern und Nichtkönnern aufteilt. Hieraus ergibt sich ein neuer Anteil P^+, mit dem ein anderer kritischer Punktwert zu bestimmen ist, mit dem die Personengruppe dann erneut geteilt wird. In dieser Weise setzt sich das Verfahren fort. In manchen Fällen konvergiert es zu einem kritischen Punktwert zwischen null und der Testlänge N, was jedoch nicht immer der Fall sein muß.

Ein besonderes Problem stellt aber die Vorgabe eines Kostenverhältnisses für α- und β-Fehlentscheidungen dar. Folgekosten von Beurteilungsfehlern im pädagogischen Bereich können sehr verschiedener Herkunft sein. Emrick selbst erwähnt, daß Unzulänglichkeiten des Testverfahrens, Variablen des Curriculums und psychologische Variablen der Testpersonen zu Folgekosten führen können. Diese Aufzählung scheint keineswegs erschöpfend zu sein, wie auch MESKAUSKAS in seinem Sammelreferat (1976, S. 144) herausstellt. Die Schätzung solcher Kosten ist außerordentlich schwierig, wenn nicht sogar unmöglich. Wie aus bisherigen Voruntersuchungen (HERBIG 1976, S. 225) zu erkennen war, gibt es sehr starke interpersonale Abweichungen bei der Kostenschätzung, die andere eventuelle Effekte stark überdecken. Als ein sehr stabiler Effekt erweist sich jedoch die Tatsache, daß die Folgen von α-Fehlern im allgemeinen teurer als diejenigen von β-Fehlern eingeschätzt werden. Dies ließe sich durchaus in EMRICKS Ansatz berücksichtigen. Nicht berücksichtigt werden kann jedoch, daß der β-Fehler häufig sogar als *gewinnbringend* angesehen wird, denn bei den psychologischen Variablen der Testpersonen wird oftmals eine positive Veränderung vermutet. EMRICKS Modell ist nicht in der Lage, auch *negative* Kosten, wie man Gewinne ja auch bezeichnen kann, zuzulassen. – Schließlich scheint es bei der Vielzahl möglicher Kostenquellen überhaupt bedenklich, diese alle in einem einzigen Index zusammenfassen zu wollen. Sinnvoll wäre eher eine differenzierte Betrachtung der Kostenquellen.

Das binomiale Beurteilungsmodell in der von KLAUER beschriebenen Form läßt sich zu einem mehrstufigen Beurteilungsverfahren erweitern (HERBIG 1974, 1975, 1976, S. 236), das ebenfalls den Vorteil hat, daß seine Voraussetzungen in weiten Grenzen überprüfbar sind und daß es auch nur am Lehrziel orientiert ist. Es wird empfohlen, für diesen Zweck mit einer sehr geringen Fehlerwahrscheinlichkeit $\alpha = 0,001$ zu arbeiten. Für eine fünfstufige Notenskala mit einer nicht ausreichenden und vier ausreichenden Zensuren wird nun eine Lösungswahrscheinlichkeit $p_{z.4}$ festgelegt, die die nicht ausreichenden Leistungen von den ausreichenden trennen soll (zum Beispiel $p_{z.4} = 0,8$). Der Abstand von $p_{z.4}$ zu 1,0 wird nun durch drei weitere Lösungswahrscheinlichkeiten $p_{z.3}$ ($= 0,85$), $p_{z.2}$ ($= 0,90$) und $p_{z.1}$ ($= 0,95$) in gleiche Intervalle aufgeteilt. Für jede gegebene Testlänge N ist durch die Fehlerwahrscheinlichkeit α und durch jede der Lösungswahrscheinlichkeiten $p_{z.4}$ bis $p_{z.1}$ ein kritischer Punktwert angegeben. Die Zensurenvergabe läßt sich nun als Entscheidungskette vorstellen, in der mit Hilfe von $p_{z.1}$ zunächst geprüft wird, ob die Leistung geringer als die mit der nächsten Notenstufe zu werten ist. Dann folgen die weiteren Entscheidungen anhand von $p_{z.2}$, $p_{z.3}$ und $p_{z.4}$.

In der zitierten Literatur sind die kritischen Punktwerte direkt aus Tabellen und Schaubildern für verschiedene Vorgaben von $p_{z.4}$ abzulesen. Beispiele zeigen, daß die Zensurenverteilung sehr stark vom Unterrichtserfolg abhängt. In den Extremfällen werden fast nur sehr gute und gote Noten oder aber nur nicht ausreichende Noten erreicht. Mit der bisherigen, an der Normalverteilung orientierten Zensurenvorstellung läßt sich ein solches Modell nur schwer vereinbaren. Den in der Schule gültigen Zensurenerlassen werden dagegen lehrzielorientierte Zensierungsmodelle in besonderem Maße gerecht, da nach ihrem Wortlaut Zensuren an den »Anforderungen« und nicht am Durchschnitt orientiert werden müssen. – Auf der Grundlage dieses Vorschlags lassen sich auch Überlegungen für eine optimale Anzahl von Notenstufen durchführen. Es konnte gezeigt werden, daß fünf Notenstufen unter diesem Aspekt ebenfalls als günstig anzusehen sind.

Empfohlen wird, derartige Zensierungsmodelle nur bei *hinreichend langen Tests* aus *gut überprüften Aufgaben* anzuwenden.

Häufig wird der Fehler begangen, eine lehrzielorientierte Leistungsbeurteilung gegenüber der durchschnittsorientierten auch gleichzeitig als eine zweistufige Beurteilung gegenüber einer mehrstufigen zu sehen. Lehrzielorientierte Zensierungsmodelle werden dann grundsätzlich in Zweifel gestellt. Unlängst veröffentlichte Bemerkungen in dieser Richtung von Ralf SCHWARZER (KLEBER u.a. 1976, S. 209) dürfen daher zum Anlaß genommen werden, einige grundsätzliche Ausführungen zu diesem Problem zu machen:

1. Die Argumentation für eine lehrzielorientierte Leistungsmessung richtet sich nicht in erster Linie gegen die Anzahl der Notenstufen. Vielmehr wird die Mißachtung der in der psychologischen Testtheorie erarbeiteten Testgütekonzepte (vor allem Zuverlässigkeit, Gültigkeit und Objektivität) hervorgehoben. Formelle und informelle *Schulleistungstests* wurden als Alternative konstruiert und propagiert. Diese Tests blieben weiterhin an dem Durchschnitt einer Personenstichprobe orientiert. Sie konnten daher für viele pädagogische Fragestellungen als ungeeignet angesehen werden. Ihnen wird das Lehrziel als einziger adäquater Bezugspunkt gegenübergestellt. So konnte wiederum die Unzulänglichkeit der klassischen Testtheorie (POPHAM und HUSEK 1969, HERBIG 1972) konstatiert werden, und es ergab sich die Notwendigkeit, geeig

netere Testtheorien zu sichten und zu entwickeln (FRICKE 1974, HERBIG 1976).

2. Losgelöst von dem Problem des Bezugs der Testergebnisse und der Entwicklung einer geeigneten Testtheorie ist die Frage zu entscheiden, wo eine zweistufige und wo eine mehrstufige Beurteilung (Zensierung, Benotung) angebracht ist. Beispielsweise macht SCHREINERS Aufsatz über »Sinn und Unsinn schulischer Leistungsbeurteilung« (1970) diese Unabhängigkeit sehr deutlich. Er zeigt, daß eine schulische Leistungsbeurteilung in mehreren Stufen sowohl im Hinblick auf die Lernenden selbst, als auch auf die Eltern, die Schule und die Gesellschaft sinnvoll und notwendig sei, daß aber wegen der ungenügenden Güte dieser Erfassungsmethoden und wegen ihrer falschen Orientierung am Durchschnitt die herkömmliche Zensur »unsinnig« sei. So konnte es auch geschehen, daß die Schulpraxis unter anderem mit dem Argument, daß schließlich eine »Zensierung notwendig« sei, der lehrzielorientierten Leistungsmessung keine Aufmerksamkeit schenkte. Normalverteilungsmodelle dagegen, die im Sinne der klassischen Testtheorie den formellen und informellen Schulleistungstests zugrunde liegen (vgl. KLAUER 1972a), fanden daher viel schneller Anklang, weil sie von vornherein diesem »Zensierungszwang« entgegenkamen.

3. SCHWARZER scheint den Vorschlag des binomialen Beurteilungsmodells dahingehend mißverstanden zu haben, daß er glaubt, es werde lediglich eine Veränderung der Zensurenvergabe propagiert, ohne gleichzeitig auch die lehrzielorientierte Testentwicklung zu fordern. Anders läßt sich kaum deuten, wenn er schreibt: »Ein Zensierungsmodell ist schnell perfektioniert. Aber wer garantiert die Validität, wer sorgt für die Modellgeltung? Die Probleme lehrzielorientierter Tests liegen weniger in der Auswertung als vielmehr in der Konstruktion begründet. Wer auf einen schlecht konstruierten Test probabilistische Modelle und mehrstufige Entscheidungen anwendet, der *schießt mit Kanonen auf Spatzen.*« Mißverstanden ist hier offensichtlich die Unterscheidung einer lehrzielorientierten Testkonstruktion und der lehrzielorientierten Testauswertung, die zu einer starken Gewichtung der einen und der Vernachlässigung der anderen umgemünzt wird. In den vorhergehenden Sätzen ordnet Schwarzer dem lehrzielorientierten Test, sofern er zweistufig ausgewertet wird, ein »wertneutrales Image im Unterricht« zu, bleibt die Begründung

hierfür aber schuldig, so daß er lediglich eine Art Glaubensbekenntnis publiziert. Ähnliches tritt zutage in der Formulierung, daß »die grundsätzlich fragwürdigen Zensuren eine pädagogisch gefährliche Aufwertung« erhalten würden. Sind mehrstufige Beurteilungen wirklich so »grundsätzlich fragwürdig«? Eine differenzierte Sehweise entsprechend der Vielfalt der Lehrstoffe und der Funktionen von Beurteilungsergebnissen wäre hier eher gerechtfertigt. SCHWARZER unterstellt den Zensuren nach dem binomialen Modell, daß sie »von niemandem mehr in Zweifel gezogen werden dürfen«. Auch hieran zeigt sich, daß der Autor in einer sehr unkritischen Weise der *Testgläubigkeit* das Wort redet, die er auf der anderen Seite vermieden wissen will. Das binomiale Beurteilungsmodell erlaubt ja gerade, daß die die Entscheidung beeinflussenden Parameter – nämlich die Zielfähigkeiten $p_{z.4}$ bis $p_{z.1}$ und die Wahrscheinlichkeit für den Beurteilungsfehler – offengelegt werden. So ist eine gezielte Kritik und Veränderung der angewendeten Methode möglich.

Sequentielle Verfahren gehen im Gegensatz zu den bisher behandelten Beurteilungsmodellen davon aus, daß die Länge der Prüfung, speziell also auch die Testlänge nicht konstant, sondern vom Verlauf der Prüfung abhängig sein sollte. Je länger die Reihe richtig gelöster Aufgaben wird, desto wahrscheinlicher wird es nämlich, daß der Lernende das Lehrziel erreicht hat. Wird die Reihe durch eine falsche Lösung unterbrochen, so wird die Wahrscheinlichkeit wieder geringer. Wird nun von vornherein eine bestimmte Wahrscheinlichkeit festgelegt für die Frage, ob das Lehrziel erreicht sei oder nicht, so kann die Prüfung bei Erreichen dieser Wahrscheinlichkeit abgebrochen werden. Das sequentielle Prüfverfahren wurde während des Zweiten Weltkrieges von Abraham WALD als »Sequential Probability Ratio-Test« (SPR-Test) in den USA entwickelt. Da es als Kriegsgeheimnis galt, konnte es erst 1947 veröffentlicht werden. Die älteste pädagogische Anwendung geht auf Cowden 1946 zurück. Eine ausführliche Einführung und Diskussion mit einem Literaturüberblick bringen HERBIG und ERVEN 1975 (vgl. auch HERBIG 1976, S. 226ff.).

Sequentielle Verfahren sind nicht nur auf Binomialverteilungen, sondern auch auf jede beliebige andere Verteilung beziehbar. So geht WALD (1947) von einer sehr allgemeinen Anwendbarkeit aus. Dennoch wurden die sequentiellen Modelle in diesem Abschnitt aufgenommen, weil alle Anwendungen des SPR-Tests im pädagogischen und psychologischen Bereich auf die Binomialverteilung gegründet sind (z. B. auch SIXTL 1974). Darüber hinaus wurde ein einfacheres sequentielles Verfahren (HERBIG und ERVEN 1975, S. 38; HERBIG 1976, S. 230) auf der Basis des Einfehlermodells entwickelt, das sich sogar für mehrstufige Beurteilungen erweitern läßt.

Sequentielle Prüfmethoden lassen sich eigentlich nur sinnvoll in Einzelprüfungen anwenden, was eine starke Einschränkung bedeutet. Hier sind sie den Methoden mit fester Testlänge jedoch stark überlegen, wie zahlreiche Methodenvergleiche zeigten.

IV. Modelle auf der Grundlage anderer Verteilungen

Abbildung 3 zeigt eine Übersicht über die in der Leistungsmessung verwendbaren Modellierungen des Lösungsverhaltens. Die Binomialverteilung erwies sich als Spezialfall einer Reihe allgemeinerer Verteilungen, die im oberen Teil der Abbildung aufgeführt sind. Zunächst werden in diesem Abschnitt einige Beurteilungsmodelle behandelt, die sich auf allgemeinere Annahmen gründen. Von verschiedenen Aufgabenschwierigkeiten geht das auf eine zweistufige Beurteilung zielende Modell von NEDELSKY (1954) aus, während WANTMANNs Vorschlag (1968) primär als Modell für eine mehrstufige Benotung konzipiert ist. Beispiele für Modelle, die eine mehrdimensionale Beurteilung realisieren, sind diejenigen von DIEDERICH (1964) und EBEL (1972). Modelle, die die Annahmen der Multinomialverteilung zugrundelegen, sind dem Autor nicht bekannt geworden. Wie bereits erwähnt, ist der Wert der Multinomialverteilungen für die Belange der Leistungsmessung noch nicht untersucht oder belegt worden. In der Regel werden wir es sogar mit einer *geordneten* Menge von Versuchsausgängen zu tun haben, während die Multinomialverteilungen grundsätzlich auf »gleichberechtigten« – also nur nominal verschiedenen Versuchsausgängen basieren.

Auch Verfahren auf der Grundlage der hypergeometrischen Verteilung spielen praktisch keine Rolle in der Leistungsmessung.

Als spezielle Binomialverteilung wird von REULECKE die Poissonverteilung für die Abweichung von einem Verhaltensziel empfohlen (REULECKE und JUNG 1976). Auch zur Normal- und Raschverteilung als speziellen Binomialverteilungen wird in diesem Abschnitt einiges gesagt werden, die – wie bereits hervorgehoben – verschiedene Aufgabenschwierigkeiten zulassen und daher in die Nähe der verallgemeinerten Binomialverteilung zu rücken sind.

NEDELSKY hat sein heute in den USA weit verbreitetes Beurteilungsmodell bereits Ende der Vierziger Jahre für Physikprüfungen an der University of Chicago entwickelt (NEDELSKY 1954, MESKAUSKAS 1976). Die Ausbildung wurde in Einzelkursen von der Physikabteilung nach einem mehr oder weniger verbindlichen Lehrplan durchgeführt. Zu dem Lehrplan gab es eine Gesamtprüfung, die aus über 200 Fünffachwahlaufgaben bestand. Jeder der etwa sechs Ausbilder (Experten!) für die Einzelkurse mußte für jede einzelne Testaufgabe vor der eigentlichen Prüfung beurteilen, welche Distraktoren ein gerade noch ausreichender Student als falsch erkennen würde. (NEDELSKY nimmt für den wirklichen Zustand [Abbildung 1] also eine kontinuierliche Variable an, die durch eine Grenze in einen ausreichenden und einen nicht ausreichenden Bereich unterteilt ist.) Das sind 0, 1, 2, 3 oder 4 Alternativen. Für jede Aufgabe wird nun der Kehrwert der Anzahl verbleibender Antwortalternativen gebildet, der als MPL_{ij} (*m*inimum *p*assing *l*evel der Aufgabe i nach Urteil des Ausbilders j) bezeichnet wird. Für eine Fünffachwahlaufgabe können nur die Werte 0,20, 0,25, 0,33, 0,50 und 1,0 auftreten. Der kritische Punktwert k_j für den Gesamttest der Länge N ergibt sich dann als Summe der MPL_{ij} für jede Aufgabe:

$$(5) \qquad k_j = MPL_{Test, j} = \sum_{i=1}^{N} MPL_{ij}$$

Der für die Physikabteilung verbindliche MPL wurde als Mittelwert über alle Urteile der Ausbilder gebildet (n = Anzahl der Ausbilder), dann jedoch noch durch die Standardabweichung (Symbol: sd) der Ausbilderurteile korrigiert:

$$(6) \qquad k = MPL_{Test} = \frac{1}{n} \sum_{j=1}^{n} MPL_{Test, j} + K \cdot sd \, (MPL_{Test, j})$$

Die Größe K ist ein vor der Prüfung festgesetzter Korrekturfaktor. Geht man nämlich von einer Normalverteilung der Ausbilderurteile aus, würden für K = 1 84% der von den Ausbildern vorzustellenden »gerade noch ausreichenden Studenten« die Prüfung nicht bestehen. Der Faktor K bewirkt hier ein flexibles Vorgehen, das dem Verwendungszweck des Modells angepaßt werden kann. Die Physikabteilung bestimmte K meistens so, daß 95% dieser Gruppe nicht bestehen würde (K = 1,645).

NEDELSKYS Modell scheint auf den ersten Blick nur dann anwendbar zu sein, wenn es sich um Mehrfachwahlaufgaben handelt. Man muß jedoch die Frage nach der Anzahl der von »gerade noch ausreichenden Studenten« als falsch erkannten Distraktoren als Vorschrift für das Schätzen der Aufgabenschwierigkeiten ansehen. Erläßt man hier eine andere Vorschrift, so ist NEDELSKYS Modell auch auf alle anderen Aufgabenformen anwendbar. Damit kann das Modell überall dort erwogen werden, wo Lehrerteams zusammenarbeiten. – MESKAUSKAS (1976) erwähnt zahlreiche Arbeiten, die die Wirksamkeit von NEDELSKYS Modell in der Praxis untersuchen.

WANTMANNS Zensierungsmodell (1968; HERBIG 1976, S. 234 ff.) stützt sich ebenfalls auf Expertenurteile, ist aber komplizierter. Es sind nämlich Personengruppen mit unterschiedlichen ausreichenden Fähigkeitsniveaus entsprechend den ausreichenden Zensuren vorzustellen. Von jeder Aufgabe ist für jede Personengruppe zu schätzen, ob die Aufgabe sehr leicht (Schwierigkeit: s = 0,9), leicht (s = 0,7), mittelmäßig (s = 0,5), schwierig (s = 0,3) oder sehr schwer (s = 0,1) ist. Für einen Test aus N = 25 Aufgaben sind also $4 \cdot 5 \cdot 25 = 500$ Schätzungen notwendig – ein erheblicher Aufwand, der im Einzelfall zum Nutzen in Beziehung zu setzen ist. Wie in NEDELSKYS Modell werden die geschätzten Aufgabenschwierigkeiten für jede Personengruppe aufsummiert zu kritischen Punktwerten k_1, k_2, k_3 und k_4. Diese liefern nun die Grenzen zwischen den einzelnen Notenstufen. NEDELSKYS kritischer Punktwert läßt sich mit k_4 vergleichen, da die Experten dort ihre Urteile an den »gerade noch ausreichenden Studenten« orientieren sollten.

Das von WANTMANN vorgeschlagene Verfahren zeigt auch eine gewisse Ähnlichkeit zur Raschanalyse (vgl. z. B. FRICKE 1972a). Dort werden die Personen ebenfalls in Gruppen mit jeweils gleicher Fähigkeit eingeordnet, während die Aufgaben nach ihren Schwierigkeiten gruppiert werden. Ist es im Raschmodell die Lösungswahrscheinlichkeit, so ist es hier die Note, die als Funktion des Produktes von Aufgabenschwierigkeit und Personenfähigkeit verstanden wird. Während eine Raschanalyse von den

Ergebnissen in einer Personenstichprobe ausgeht, empfiehlt Wantmann jedoch den weniger aufwendigen Einsatz von Experten, womit allerdings andere Probleme in Kauf genommen werden. Sowohl NEDELSKYS als auch WANTMANNS Modell würden interessante Möglichkeiten eröffnen, wenn anstelle der Schwierigkeitsbestimmung durch Expertenurteile ein objektives Verfahren treten könnte, wie es beispielsweise die Lehrstoffanalyse ermöglicht (vgl. den Beitrag von SCHOTT und KRETSCHMER in diesem Buch).

		Schwierigkeit: Die Aufgabe ist ...			Zeilensumme der Produkte
		leicht	mittel	schwer	
Relevanz: Die Aufgabe ist für das Lehrziel ...	unentbehrlich	x...%	x...%	x...%	
	wichtig	x...%	x...%	x...%	
	annehmbar	x...%	x...%	x...%	
	fraglich	x...%	x...%	x...%	

Summe: k =

Abbildung 5

Ein wirklich *mehrdimensionales Beurteilungsmodell* wurde von EBEL (1972) vorgeschlagen. Die einzelnen Aufgaben werden durch die Dimensionen *Schwierigkeit* und *Relevanz* oder Sachdienlichkeit in $3 \cdot 4 = 12$ Kategorien klassifiziert (Abbildung 5). Hierfür werden wieder Expertenurteile verwendet, die – wie im Modell von NEDELSKY – am »gerade noch ausreichenden Prüfling« zu orientieren sind. Außerdem wird für jede der zwölf Zellen ein Prozentsatz richtig zu lösender Aufgaben geschätzt. Diese Prozentsätze sollen in der Regel entlang der beiden Dimensionen abnehmen. Nun multipliziert man für jede Zelle die Aufgabenhäufigkeit mit dem angegebenen Prozentsatz. Die Summe aller Produkte ergibt dann den kritischen Punktwert k. – EBELS Verfahren ist besonders für solche Tests interessant, die mehrere Ziele gleichzeitig erfassen sollen. Auch hier wären die zugrunde gelegten Expertenurteile besser durch objektivere Verfahren zu ersetzen. MESKAUSKAS (1976, S. 138) hebt in seiner Kritik hervor, daß die beiden Dimensionen nicht unabhängig voneinander sind, was jedoch nach Auffassung des Verfassers auch nicht unbedingt erforderlich ist. Substantiell ist dagegen der Einwand, daß das Schätzen der Prozentsätze recht willkürlich und daher fragwürdig ist, solange keine klaren Außenkriterien hierfür definiert werden.

Auch Erfassungsmethoden und Kategoriensysteme zur Datensammlung werden häufig schon als mehrdimensionale Beurteilungsmodelle bezeichnet, obwohl wir diesem Sprachgebrauch nicht folgen wollen. Ein Beispiel hierfür ist das in Abbildung 6 dargestellte Schema von DIEDERICH (1964; zitiert nach PAYNE 1968, S. 88) zur Beurteilung von Aufsätzen, zu dem mittlerweile eine Reihe moderner Varianten entwickelt wurde (z. B. auch EDENER 1975). Von Beurteilungsmodellen kann hier insofern nicht gesprochen werden, als keine kritischen Punktwerte resultieren.

1 = mangelhaft   2 = schwach   3 = mittelmäßig   4 = gut
5 = ausgezeichnet

Qualität und Entwicklung der Ideen	1	2	3	4	5		
Gliederung, Sachbezogenheit, Ablauf	1	2	3	4	5	× 5 =	
						Teilsumme	
Stil, Geschmack, Individualität	1	2	3	4	5		
Wortwahl und Satzkonstruktion	1	2	3	4	5	× 3 =	
						Teilsumme	
Grammatik, Satzbau	1	2	3	4	5		
Zeichensetzung	1	2	3	4	5		
Rechtschreibung	1	2	3	4	5		
äußere Form, Lesbarkeit	1	2	3	4	5	× 1 =	
						Teilsumme	
						Gesamtsumme:	%

Abbildung 6

Die Poissonverteilung ergibt sich als Grenzfall einer Binomialverteilung, wenn die mit p_z bezeichnete Lösungs- und Grundwahrscheinlichkeit sehr hoch wird – wenn also die Wahrscheinlichkeit für abweichendes Verhalten $p = 1 - p_z$ sehr klein wird (vgl. Abbildung 3). Gleichzeitig muß die Testlänge N relativ groß sein. Nach SACHS (1968, S. 186) kann man die Poissonverteilung wählen, wenn $N \cdot p \leq 5$ und N gleichzeitig größer als 20 ist (z.B.: $N = 25$ und $p \leq 0,2$). Ein rechnerischer Vorteil ergibt sich dann dadurch, daß die beiden Parameter N und p, die eine Binomialverteilung charakterisieren, durch nur einen Parameter $\lambda = N \cdot p$ ersetzt werden können, dessen Größe sehr einfach geschätzt werden kann (REULECKE 1975, REULECKE und JUNG 1976, REULECKE und ROLLETT 1976). REULECKE u.a. nennen die Poissonverteilung daher »voraussetzungsarm und sparsam«. Nicht leugnen läßt sich allerdings, daß die Binomialverteilung schon für geringere Testlängen anwendbar ist. Bei großen Testlängen dagegen muß p sehr gering sein, um nicht gegen die Voraussetzungen zu verstoßen.

Die *Normalverteilung* hat insofern eine Bedeutung in der lehrzielorientierten Leistungsmessung, als sie sich ebenfalls als Grenzverteilung für Binomialverteilungen ergibt. Große Testlängen sind dann allerdings erforderlich (z.B. $N > 56$ für $p_z = 0,8$ oder $N > 100$ für $p_z = 0,9$). Praktisch würde hieraus erwachsen, daß in diesen Fällen für KLAUERS Prüfstrategie I (vgl. Abschnitt 3 dieses Beitrags) auch die Normalverteilung herangezogen werden kann. In ähnlicher Weise schlägt FRICKE (1974, S. 94) vor, das Vertrauenintervall eines nach dem Raschmodell geschätzten und als »gerade noch ausreichend« bezeichneten Personenparameters zu bestimmen und dessen untere Grenze als kritischen Punktwert heranzuziehen. Beide Vorgehensweisen erscheinen besonders dadurch gefährlich, als sie eigentlich symmetrische Verteilungen der Leistungsfähigkeiten voraussetzen, die jedoch – wie schon beschrieben – nur als Grenzfall angenommen werden können.

Anders ist die Verwendung des Raschmodells von SPADA (1974), der einen weiteren zu schätzenden Parameter in das Modell einführt neben der Aufgabenschwierigkeit und der Personenfähigkeit, nämlich eine Variable für den *Lernzustand*. Der Versuchsplan für die Schätzung auch dieses Parameters ist erheblich komplizierter, jedoch erlauben die Ergebnisse später eine Zuordnung der Lernenden zu bestimmten Lernzuständen, wobei auf dieser Variablen dann auch kritische Punktwerte gesetzt werden können. Die Arbeit mit dem Raschmodell ist sehr rechenaufwendig und erfordert sehr viele Testpersonen. Daher läßt sich dieses Modell wohl nur in größeren Forschungsprojekten anwenden (FRICKE 1972a, S. 108).

In den letzten Jahren werden immer wieder die Anwendungsmöglichkeiten der Bayes-Statistik für die pädagogische Diagnostik diskutiert (z.B. RÜPPELL 1974, TRÖGER und LÜKING 1975). HSU und PINGEL (1974) beschreiben auch einen Bayes-Ansatz für sequentielle Prüfmethoden, finden jedoch keine klare Überlegenheit gegenüber dem SPR-Test von WALD. Die Bayes-Statistik geht einerseits von Beobachtungsdaten aus und legt andererseits a priori Einflußgrößen zugrunde. Es kann dann unter anderem die Wahrscheinlichkeit angegeben werden, daß die Einflußgrößen ganz bestimmte Werte haben. Die mathematischen und formalen Voraussetzungen der Bayes-Statistik sind gering, worin ein entscheidender Vorteil zu sehen ist. Dagegen wird mit einer größeren Anzahl von Parametern gearbeitet als in der klassischen Statistik. Das wesentliche Problem besteht darin, für eine genügende Anzahl von Parametern numerische Werte zu bestimmen. – Eine gute Einführung in die Bayes-Statistik gibt das Lehrbuch von WEBER (1967). Jedoch mangelt es noch an anwendungsbezogener Literatur für den Bereich der pädagogischen Diagnostik. Eine befriedigende Darstellung müßte daher einem speziellen Beitrag vorbehalten bleiben.

V. Zusammenfassung

Der vorliegende Beitrag verdeutlicht, daß das Messen in der pädagogischen Diagnostik eng mit statistischen Entscheidungen verflochten ist. Sie ermöglichen es, daß Variablen aufeinander bezogen werden. Verschiedene Beurteilungsmodelle unterscheiden sich in ihrer Vorstellung darüber, ob es sich um diskrete oder kontinuierliche, um eindimensionale oder mehrdimensionale Variablen handelt und in welchem Maße Beurteilungsfehler (Abbildungs-, Zuordnungsfehler) berücksichtigt werden.

Vor der Verwendung einer statistischen Verteilung müssen modellhaft Annahmen über das Lösungsverhalten des Lernenden gemacht werden. Als besonders flexibel und einfach zugleich erweisen sich die Annahmen der Binomialverteilung, die in verschiedener Weise erweitert werden können, indem die einzelnen Voraussetzungen aufgehoben werden. Auch speziellere Verteilungen sind denkbar, wenn die Liste der Annahmen für das Binomialmodell ergänzt wird.

So stehen binomiale Beurteilungsmodelle – Beurteilungsmodelle also, die sich auf die Binomialverteilung stützen – schon lange im Vordergrund lehrzielorientierter Prüfverfahren. Die einzelnen Methoden werden kurz dargestellt und vergleichend analysiert. Unter den Modellen aufgrund anderer Annahmen sind besonders diejenigen interessant, die keine gleichen Lösungswahrscheinlichkeiten voraussetzen. Sie werden im letzten Abschnitt erläutert, der auch Anmerkungen zu Poisson-, Normalverteilungs- und Bayes-Modellen bringt.

Testökonomie durch multioperationale Testung

Reiner Fricke

Viele Lehrer, die von der Notwendigkeit einer objektiven, zuverlässigen und gültigen Leistungsbeurteilung in der Schule überzeugt sind und Tests für den Unterricht konstruieren wollen, werden sicherlich entmutigt, wenn sie von Testtheoretikern erfahren, daß zur präzisen Abschätzung von Schülerfähigkeiten in der Regel mindestens 20 Testaufgaben benötigt werden (vgl. FRICKE 1974, 1977). Besonders dann, wenn die Aufgaben sehr komplex sind, wenn beispielsweise nicht einfache Wissensfragen beantwortet, sondern umfangreiche Probleme gelöst werden müssen, ist es nicht möglich, mehr als zwei oder drei Aufgaben pro Test bzw. pro Unterrichtsstunde zu stellen. Wenn diese wenigen Testaufgaben nach dem Schema richtig/falsch ausgewertet werden, erhält man Testwerte, mit denen man nur unzureichend zwischen verschieden fähigen Schülern, z.B. zwischen Könnern und Nichtkönnern diskriminieren kann. Ein Testanwender wird deshalb in diesem Fall die komplexen Testaufgaben jeweils in eine Reihe von Teilaufgaben zerlegen, die Leistungen der Schüler bezüglich dieser so definierten Teilaufgaben getrennt bewerten und somit zu sensibleren Meßwerten gelangen. Die pädagogische Testtheorie sagt ihm jedoch nicht, wie differenziert diese Aufgabenanalysen sein müssen, damit die neuen Maße in ausreichendem Maße zwischen verschiedenen Fähigkeitsgruppen diskriminieren können. Das liegt daran, daß die herkömmliche Testtheorie unioperational arbeitet, d.h. sie betrachtet unabhängig von der Komplexität einer Aufgabe das Lösen einer Aufgabe immer als eine einzige Operation. Wir wissen jedoch, daß Testanwender oft multioperational arbeiten, das Lösen einer Aufgabe als eine Folge von notwendigen Operationen auffassen und somit eine relativ ökonomische, d.h. aufgabensparende Testanwendung praktizieren.

Der Anstoß auch eine multioperationale Testtheorie zu entwickeln, ging von SCHOTT (1975, S. 149 f.; 1977) aus. Erste formale Modelle zur multioperationalen Auswertung von Testaufgaben wurden von FRICKE (1977) vorgestellt. Aufgabe dieser Arbeit soll es sein, ein modifiziertes, relativ leicht verständliches Modell für die multioperationale Auswertung von Tests zu präsentieren. Das Modell, das man einerseits als Vereinfachung und andererseits als multioperationale Erweiterung des von NOVICK & JACKSON (1974) vorgestellten Bayes-Modells bezeichnen kann (vgl. Fricke 1977), ist so beschaffen, daß mit zunehmender Zahl von Operationen pro Testaufgabe die Testlänge ohne Präzisionsverlust reduziert werden kann.

Das Modell geht von der Annahme aus, daß es in der Testpopulation nur zwei Fähigkeitsgruppen gibt: die Gruppe der Könner und die Gruppe der Nichtkönner. Jedes Mitglied der Könnergruppe habe bezüglich aller Testaufgaben die gleiche Lösungswahrscheinlichkeit von beispielsweise p = 0,90. Alle Nichtkönner sollen ebenfall gleiche Lösungswahrscheinlichkeiten z. B. p = 0,25 haben, da Nichtkönner besonders bei multiple-choice Aufgaben durch Rateprozesse zu von Null verschiedenen Lösungswahrscheinlichkeiten gelangen können.

Wir vereinbaren nun folgende Schreibweise:

K: Könner

N: Nichtkönner

p (K): Wahrscheinlichkeit, mit der ein Könner in der Testpopulation anzutreffen ist

p (N) = 1 — p (K): Wahrscheinlichkeit, mit der ein Nichtkönner in der Testpopulation anzutreffen ist

n: Zahl der Testaufgaben

r: Zahl der richtig gelösten Testaufgaben

f: Zahl der falsch gelösten Testaufgaben

n = r + f

p (r, f|K): Wahrscheinlichkeit, daß ein Könner r Aufgaben richtig und f Aufgaben falsch löst

p (K|r, f): Wahrscheinlichkeit, daß es sich bei der Testperson, die r Aufgaben richtig und f Aufgaben falsch gelöst hat, um einen Könner handelt

Die Wahrscheinlichkeiten p (K|r, f) und p (N|r, f) lassen sich mittels des Theorems von BAYES (1763) ausrechnen. Für den Spezialfall n = 1 und r = 1 ergeben sich die folgenden Formeln (1) und (2):

$$(1) \quad p\,(K|1,0) = \frac{p\,(K) \cdot p\,(1,0|K)}{p\,(K) \cdot p\,(1,0|K) + p\,(N) \cdot p\,(1,0|N)}$$

$$(2) \qquad p\,(N|1,0) = \frac{p\,(N) \cdot p\,(1,0|N)}{p\,(K) \cdot p\,(1,0|K) + p\,(N) \cdot p\,(1,0|N)}$$

$$(3) \qquad p\,(N|1,0) = 1 - p\,(K|1,0)$$

Die Wahrscheinlichkeiten p (K) und p (N) bezeichnet man als apriori-Wahrscheinlichkeiten und die Wahrscheinlichkeiten p (K| r, f) und p (N|r, f) als aposteriori-Wahrscheinlichkeiten. In den apriori-Wahrscheinlichkeiten kann der jeweilige Testanwender seine Vermutungen oder gewisse Vorinformationen über die mögliche Verteilung von Könnern und Nichtkönnern in der Testpopulation ausdrücken. Die aposteriori-Wahrscheinlichkeiten resultieren dann, wenn die apriori-Wahrscheinlichkeiten mit bestimmten Beobachtungsdaten konfrontiert werden bzw. durch diese Daten modifiziert werden. Hat man keine Vermutungen oder Vorinformationen über die apriori-Wahrscheinlichkeiten, so sollte man, um den möglichen Fehler möglichst gering zu halten, annehmen, daß sich die Testpopulation zu gleichen Teilen aus Könnern und Nichtkönnern zusammensetzt. In diesem Fall (p (K) = p (N) = 1/2) können die Formeln (1) und (2) auf die Formeln (4) und (5) reduziert werden.

$$(4) \qquad p\,(K|1,0) = \frac{p\,(1,0|K)}{p\,(1,0|K) + p\,(1,0|N)}$$

$$(5) \qquad p\,(N|1,0) = \frac{p\,(1,0|N)}{p\,(1,0|K) + p(1,0|N)}$$

$$(6) \qquad p\,(N|1,0) = 1 - p\,(K|1,0)$$

Wir machen jetzt eine weitere Einschränkung und zwar betrachten wir jetzt nur die Fälle, in denen eine Person alle n Testaufgaben richtig löst. Haben wir weiterhin stochastisch unabhängige Testaufgaben vorliegen (vgl. FRICKE 1972, S. 73–76 und 1974, S. 85–88), so lassen sich die Wahrscheinlichkeiten p (n, o|K) und p (n, o|N) aus dem Produkt der Einzellösungswahrscheinlichkeiten berechnen.

$$(7) \qquad p\,(n, o|K) = p\,(1,0|K)^n$$

$$(8) \qquad p\,(n, o|N) = p\,(1,0|N)^n$$

Für den Fall, daß eine Person alle n Testaufgaben richtig löst, ergeben sich demnach folgende aposteriori-Wahrscheinlichkeiten:

$$(9) \qquad p\,(K|n, o) = \frac{p\,(1,0|K)^n}{p\,(1,0|K)^n + p\,(1,0|N)^n}$$

$$(10) \quad p\,(N|n,\,o) = \frac{p\,(1,0|N)^n}{p\,(1,0|K)^n + p\,(1,0|N)^n}$$

$$(11) \quad p\,(N|n,\,o) = 1 - p\,(K|n,\,o)$$

Die Anwendung dieser Formeln wollen wir an einem ersten Beispiel demonstrieren:

1. Beispiel:

Wir nehmen an, daß es in der Testpopulation gleichviele Könner und Nichtkönner gibt, daß die n Testaufgaben stochastisch unabhängig sind und daß die Könner bezüglich aller Testaufgaben eine Lösungswahrscheinlichkeit von 0,9 haben, während die Nichtkönner durch Raten oder andere Strategien generell eine Lösungswahrscheinlichkeit von 0,25 erreichen.

$p\,(1,0|K) = 0,90 \qquad\qquad p\,(N) = p\,(K) = 0,5$

$p\,(1,0|N) = 0,25$

Welche aposteriori-Wahrscheinlichkeiten ergeben sich nun nach den Formeln (9) und (10), wenn eine Person alle Testaufgaben richtig löst und die Testlänge von 0 bis 3 Testaufgaben variiert wird? Die Ergebnisse sind der unteren Tabelle zu entnehmen:

n	p(K|n,o)	p(N|n,o)
0	0,500	0,500
1	0,783	0,217
2	0,928	0,072
3	0,979	0,021

Nach zwei oder drei hintereinander richtig gelösten Testaufgaben würde man demnach die Testung abbrechen und die betreffende Testperson als Könner einstufen, da die aposteriori-Wahrscheinlichkeiten p (K|n, o) die Werte 0,928 bzw. 0,979 angenommen haben. Diese relativ geringe Zahl von notwendigen Testaufgaben resultiert aus der Annahme, daß die Lösungswahrscheinlichkeiten von Könnern und Nichtkönnern relativ weit auseinander liegen. Wie wir an anderer Stelle ausgeführt haben (vgl. Fricke, Rupprecht, Schott 1975) ist es für die lehrzielorientierte Messung sinnvoller, für die Lösungswahrscheinlichkeiten der Nichtkönner höhere Werte anzusetzen. Wenn wir beispielsweise jede Person als Könner bezeichnen, die eine Lösungswahrscheinlichkeit pro Aufgabe zwischen p = 0,90 und p = 1 besitzt, so muß eine Person mit p = 0,89 schon als Nichtkönner bezeichnet werden. Im ungünstigsten Fall müssen wir uns also auf die Situation einstellen, daß die Hälfte der Testpersonen eine ausreichende Wahrscheinlichkeit von p = 0,90 und die andere Hälfte eine nichtausreichende Wahrscheinlichkeit von p = 0,89 besitzt. Es liegt auf der Hand, daß in diesem Fall die Zahl der erforderlichen Testaufgaben zur Diskrimination dieser beiden Gruppen enorm ansteigt. Selbst bei 100 richtig hintereinander gelösten Testaufgaben ergibt sich für p (K|100,0) die nichtausreichende aposteriori-Wahrscheinlichkeit von p = 0,753. Die Zahl der erforderlichen Testaufgaben kann man dann reduzieren, wenn man die Lösungswahrscheinlichkeit der Nichtkönner reduziert, z. B. auf den Wert p = 0,80 und damit in Kauf nimmt, daß man im Bereich zwischen p = 0,80 bis p = 0,90 nicht diskriminieren kann.

Diesen Fall mit p (1,0|K) = 0,90 und p (1,0|N) = 0,80 haben wir ebenfalls durchgerechnet:

2. Beispiel:

n	p(K|n,o)	p(N|n,o)
0	0,500	0,500
1	0,529	0,471
2	0,559	0,441
3	0,587	0,413
4	0,616	0,384
5	0,643	0,357
6	0,670	0,330
7	0,695	0,305
8	0,720	0,280
9	0,743	0,257
10	0,765	0,235
11	0,785	0,215
12	0,804	0,195
13	0,822	0,178
14	0,839	0,161
15	0,854	0,146
16	0,868	0,132
17	0,881	0,119
18	0,893	0,107
19	0,904	0,096

Es zeigt sich, daß die Annahmewahrscheinlichkeit für K erst dann den Wert p (K|n, o) = 0,90 überschreitet, wenn mindestens 19

Testaufgaben hintereinander richtig gelöst werden. Dieses Ergebnis deckt sich auch mit den Aussagen des von NOVICK & JACKSON (1974) vorgestellten Bayes-Modells, in dem keine zweigipflige Verteilung, sondern eine Gleichverteilung angenommen wurde. Hier ergab sich, daß die wahre Lösungswahrscheinlichkeit einer Testperson zu 90% erst dann über dem kritischen Wert von p = 0,90 liegen wird, wenn mindestens 20 Aufgaben hintereinander richtig gelöst wurden (vgl. FRICKE 1977).

Bis hierhin wurde das Lösen einer Testaufgabe unioperational betrachtet: Für das Bayes-Modell ist es egal, ob als Testaufgabe eine einfache Additionsaufgabe zweier Zahlen oder das Schreiben einer Promotionsarbeit vorliegt. Als Konsequenz folgt aus diesem Modell, daß man einem Kandidaten erst dann die Promotionsurkunde aushändigen darf, wenn er mindestens 19mal hintereinander eine zufriedenstellende Promotionsarbeit vorgelegt hat. Erst bei multioperationaler Betrachtung des Problems kann die Testlänge auf minimal n = 1 reduziert werden. Den Unterschied zwischen multi- und unioperationaler Auswertung wollen wir an einem relativ einfachen Beispiel demonstrieren:

Die Aufgabe 4 + 7 = ? sei eine elementare Aufgabe, da sie nicht weiter in Einzeloperationen zerlegt wird. Wir nehmen also an, daß beim Lösen dieser Aufgabe nur eine einzige Operation und zwar die Operation »Addition zweier einstelliger Zahlen« benötigt wird. Für mehrstellige Zahlen, welche schriftlich vorgegeben, aber im Kopf gelöst werden müssen, können wir die Gesamtaufgabe in einer Folge von erforderlichen Einzeloperationen zerlegen. SUPPES, JERMAN & BRIAN (1968) zerlegten beispielsweise die Aufgabe 24 + 67 = ? in eine Folge von sechs Einzeloperationen. Dreimal muß die Operation »Addition zweier einstelliger Zahlen« und dreimal die Operation »Speicherung eines einstelligen Zwischenergebnisses« durchgeführt werden, um zum Endergebnis zu gelangen:

$$
\begin{array}{cc}
2 & 4 \\
+ & + \\
6 & 7 \\
\hline
8 & \\
+ & \\
1 & \\
\hline
9 & 1
\end{array}
$$

In der obigen Abbildung sind die einzelnen Additionsoperationen durch ein Pluszeichen angedeutet. Die Ziffern, welche zwischenzeitlich gespeichert werden müssen, sind unterstrichen.

Andere Aufgabenmodelle sind jedoch ebenfalls denkbar. SCHLOSSER (1968) hat beispielsweise für die »schriftliche Addition von Zahlen« einen Lösungsalgorithmus mit acht unterschiedlichen Einzeloperationen vorgestellt, welche nach einem gewissen Plan nacheinander durchgeführt werden müssen (vgl. Abb. 1).

Die Frage, welches Aufgabenmodell empirische Gültigkeit besitzt, kann in dieser Allgemeinheit nicht beantwortet werden, denn je nach verwendeter Lehrmethode werden die Testpersonen andere Operationen und andere Algorithmen verwenden. Befinden wir uns jedoch noch im Planungsstadium des Unterrichts, so können wir uns für ein bestimmtes Aufgabenmodell frei entscheiden. Die Entscheidung zum Beispiel für das Aufgabenmodell von Schlosser hat dann einige Konsequenzen für die Planung und Evaluation des Unterrichts zur Folge:

Wir müssen zunächst dafür sorgen, daß die acht Einzeloperationen im ausreichenden Maße beherrscht werden. Dies sei dann erreicht, wenn die Wahrscheinlichkeit, eine Operation richtig durchzuführen, $p = 0,90$ beträgt. Erst dann ist es angebracht, mit dem Üben der »schriftlichen Addition von Zahlen« zu beginnen. Diejenigen Testpersonen, welche bezüglich dieser komplexeren Aufgabe eine Lösungswahrscheinlichkeit von $p = 0,90$ oder höher besitzen, wollen wir als Könner definieren. Als Nichtkönner definieren wir nun die Personen, die lediglich die Einzeloperationen ausreichend gut mit $p = 0,90$ beherrschen. Diese Nichtkönner wissen also noch nicht, in welcher Reihenfolge sie diese acht Operationen durchzuführen haben. Auf der Grundlage dieser Voraussetzungen

Operation 0_1: Berechne die Summe s aus denjenigen untereinanderstehenden Ziffern, die am weitesten rechts stehen und noch nicht addiert worden sind! (Wenn nur ein Summand vorhanden ist, so ist dieser Summand die Summe.)

Operation 0_2: Prüfe, ob $s \leqq 9$!

Operation 0_3: Schreibe die Summe s unter die addierten Summanden!

Operation 0_4: Schreibe die Anzahl der Einer von s unter die addierten Summanden!

Operation 0_5: Bilde $(s + 1)$!

Operation 0_6: Prüfe, ob $(s + 1) \leqq 9$!

Operation 0_7: Schreibe die Summe $(s + 1)$ unter die addierten Summanden!

Operation O_8: Schreibe die Anzahl der Einer von (s + 1) unter die addierten Summanden!

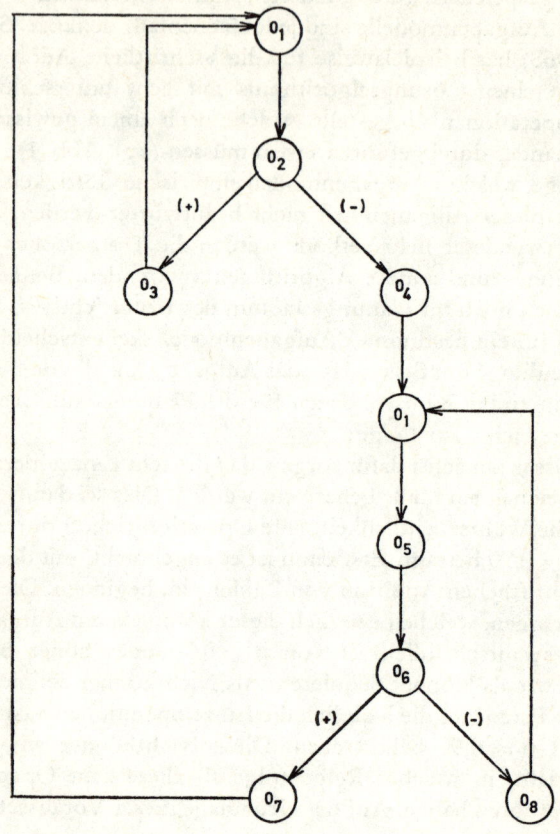

Abbildung 1: Lösungsalgorithmus für das Lösen einer schriftlichen Additionsaufgabe (modifiziert nach SCHLOSSER, 1968)

können wir uns nun überlegen, mit welcher Wahrscheinlichkeit ein Nichtkönner die Aufgabe einer schriftlichen Addition von Zahlen lösen wird.

Die Wahrscheinlichkeit, alle acht Operationen richtig auszuführen beträgt $0,9^8 = 0,430$, die Wahrscheinlichkeit alle acht Operationen in der richtigen Reihenfolge anzuwenden ist $1/8! = 1/40320 = 0,000025$. Somit ergibt sich für Nichtkönner die Lösungswahrscheinlichkeit von $0,430 \cdot 0,000025 = 1,068 \cdot 10^{-5}$. Da die Lösungswahrscheinlichkeit eines Nichtkönners nun fast Null beträgt, ist es jetzt natürlich möglich, mit relativ wenigen Testaufgaben zwischen Könnern mit $p\,(1,0|K) = 0,90$ und Nichtkönnern mit $p\,(1,0|N) = 1,068\ 10^{-5}$ zu diskriminieren:

n	p(K|n,o)	p(N|n,o)
0	0,5	0,5
1	0,999988	0,000012

Eine richtig gelöste Testaufgabe würde in diesem Fall völlig ausreichen.

Wenn wir jedoch einen Nichtkönner anders definieren und annehmen, daß die Nichtkönner neben den acht Einzeloperationen auch die Reihenfolge der Operationen, d.h. den Algorithmus als 9. Operation ausreichend mit $p = 0,90$ beherrschen, so gelangen wir zu folgender Lösungswahrscheinlichkeit für die Nichtkönner: $p\,(1,0|N) = 0,9^9 = 0,387$. Nach den Formeln (9) und (10) ergeben sich dann folgende aposteriori-Wahrscheinlichkeiten:

n	p(K|n,o)	p(N|n,o)
0	0,5	0,5
1	0,6991	0,3009
2	0,844	0,156
3	0,926	0,074

In diesem Fall würde man nach drei richtig gelösten Testaufgaben abbrechen und die betreffende Testperson als Könner klassifizieren.

Zusammenfassend läßt sich zum multioperationalen Ansatz folgendes sagen: Auch der multioperationale Ansatz verlangt von den Personen, welche später als Könner klassifiziert werden sollen, hohe Aufgabenlösungswahrscheinlichkeiten von beispielsweise $p = 0,90$. Der Unterschied zwischen dem uni- und multioperationalen Ansatz zeigt sich erst bei der Festsetzung der Lösungswahrscheinlichkeit für die Nichtkönner. Im unioperationalen Modell ist jede Person mit einer Lösungswahrscheinlichkeit von $p < 0,90$ definitorisch ein Nichtkönner. Im Extremfall müssen wir deshalb die Testlänge so groß wählen, daß Fähigkeitsgruppen mit $p =$

0,89 und p = 0,90 gut diskriminiert werden können. Im multioperationalen Auswertungsmodell stellt man jedoch genauere
Überlegungen darüber an, welche Operationen und welche Algorithmen zur Lösung einer Aufgabe erforderlich sind, stellt darauf
den jeweiligen Unterricht ab und kann aufgrund dieser Voraussetzungen die Lösungswahrscheinlichkeit eines Nichtkönners
genau angeben. Da mit zunehmender Zahl von Einzeloperationen
pro Aufgabe die Lösungswahrscheinlichkeit der Nichtkönner
gegen Null strebt, wird es im multioperationalen Ansatz möglich,
in vielen Fällen mit einer einzigen komplexen Testaufgabe zwischen Könnern und Nichtkönnern hinreichend genau zu diskriminieren.

An dem vorgestellten Beispiel dürfte auch deutlich geworden sein,
daß die Vorgabe von Testaufgaben nur dann sinnvoll und ökonomisch ist, wenn man erstens weiß, welche Prozesse sich bei der
Aufgabenlösung in der Testperson abspielen, und wenn zweitens
sowohl der Lehrgang als auch die Testung sich an diesen Prozessen orientieren und aufeinander abgestimmt sind.

Die ökonomische, multioperationale Testauswertung kann in dem
Maße praktiziert werden, in dem formale Analysen des Lehrstoffs
und Analysen der entsprechenden Denk- und Lernprozesse der
Schüler vorliegen. Eine notwendige Grundlage zur Lehrstoffanalyse, nämlich eine normierte Sprache zur Rekonstruktion von
Lehrstoffen, ist von SCHOTT (1975) entwickelt worden (vgl. auch
den Beitrag von SCHOTT und KRETSCHMER in diesem Band). Formale Modelle des Denkens und Lernens sind beispielsweise von
Spada (1976) sehr ausführlich beschrieben worden. Diese für
einen optimalen Unterricht sowieso notwendigen Analysen haben
darüber hinaus noch den erfreulichen Nebeneffekt, daß die Bela-
stung der Schüler durch Tests reduziert werden kann.

Literatur

Achtenhagen, F.; Wienold, G., Lehren und Lernen im Fremdsprachenunterricht, Band 1 u. 2, München 1975

American Psychological Association, Standards for educational and psychological tests, Washington, D.C. 1974

APA s. American Psychological Association

Arlt, W.; Issing, L.J. (Hrsg.), Ergebnisse und Probleme der Bildungstechnologie. Beiträge zum 13. Symposion der Gesellschaft für programmierte Instruktion und Mediendidaktik, Berlin 1976

Bayes, Th., Essays toward solving a problem in the doctrine of chances, 1763, in: Barnard, G.A., Biometrika 48 (1958), 298–315

Bloom, B.S. (Hrsg.), Taxonomy of educational objectives. The classification of educational goals, Handbook I: Cognitive domain, New York 1956

Brockway, J.; Chmielewski, D.; Cofer, C.N., Remembering Prose: Productivity and accuracy constraints in recognition memory, Journal of Verbal Learning and Verbal Behavior 13, (1974) 194–208

Diamond, J.; Evans, W., The correction of guessing, in: Review of Educational Research 43,2 (1973) 181–191

Diederich, P.B., 1964, s. Payne 1968

Dörner, D., Problemlösen als Informationsverarbeitung, Stuttgart 1976

Duncker, K., Zur Psychologie des Produktiven Denkens, Berlin [3]1974

Ebel, R.L., Essentials of educational measurement, Englewood Cliffs, N.J. 1972

Eckensberger, L. (Hrsg.), Bericht über den 28. Kongreß der Gesellschaft für Psychologie. Saarbrücken 1972, Göttingen 1974

Edener, W., Die Beurteilung mündlicher Leistungen in punktuellen Prüfungen zum Französischunterricht der Sekundarstufe II: Probleme und Vorschläge, in: W.A. Hüllen (Hrsg.), Lernzielbestimmung und Leistungsmessung im modernen Fremdsprachenunterricht, Frankfurt 1976

Eigler, G., Lernhierarchien, in: Unterrichtswissenschaft 4 (1976)

Emrick, J.A., An evaluation model for mastery learning, in: Journal of Educational Measurement 8 (1971), 312–326

Emrick, J.A.; Adams, E.N., An evaluation model for individualized instruction, Research Report RC 2674, IBM T.J. Watson Research Center, Yorktown Hts, N.Y. 1969

Fricke, R., Über Meßmodelle in der Schulleistungsdiagnostik, Düsseldorf 1972

111

Fricke, R., Lehrzielorientierte Messung mit Hilfe stochastischer Meßmodelle, in: K.J. Klauer (Hrsg.), Lehrzielorientierte Tests, Düsseldorf 1972

Fricke, R., Kriteriumsorientierte Leistungsmessung, Stuttgart 1974

Fricke, R., Uni-versus multioperationale Testung. Versuche zur Reduzierung der Aufgabenzahl bei kriteriumsorientierten Messungen, Teil II: Kriteriumsorientierte Auswertungsmodelle, in: H.K. Garten (Hrsg.), Diagnose von Lernprozessen, Braunschweig 1977

Fricke, R.; Rupprecht, H.; Schott, F., Zur Güte von sequentiellen Prüfplänen, in: Zeitschrift für Entwicklungspsychologie und Pädagogische Psychologie 7 (1975), 268–274

Gagné, R.M., The acquisition of knowledge, in: Psychological Review 69 (1962), 355–365

Gagné, R.M., Die Bedingungen des menschlichen Lernens, Hannover 1969

Gagné, R.M.; Paradise, N.E., Abilities and learning sets in knowledge acquisition, in: Psychological Monographs, Whole No. 518 (1961)

Gaude, P.; Teschner, W.-P., Objektivierte Leistungsmessung in der Schule, Frankfurt/M. 1970

Geigy, J.R.; A.G. (Hrsg.), Documenta Geigy. Wissenschaftliche Tabellen, Basel 7 1968

Gujahr, W., Die Messung psychischer Eigenschaften, Berlin 1971

Herbig, M., Aufgabentypen zur Leistungsüberprüfung, in: K.J. Klauer (Hrsg.), Lehrzielorientierte Tests, Düsseldorf 1972

Herbig, M., Die Unzulänglichkeit der klassischen Testtheorie bei lehrzielorientierter Messung, in: K.J. Klauer (Hrsg.), Lehrzielorientierte Tests, Düsseldorf 1972

Herbig, M., Ein lehrzielorientiertes Zensierungsmodell, in: Zeitschrift für erziehungswissenschaftliche Forschung 8,3 (1974), 129–142

Herbig, M., Zensierung nach dem binomalen Testmodell, in: Lernzielorientierter Unterricht 1 (1975), 1–12

Herbig, M., Praxis lehrzielorientierter Tests, Düsseldorf 1976

Herbig, M.; Erven, P., Sequentielle Prüfpläne in der pädagogischen Diagnostik, in: Unterrichtswissenschaft 1 (1975), 31–49

Hsu, Tse-Chi; Pingel, K., A Bayesian approach in sequential testing, Learning Research and Development Center, University of Pittsburgh 1974

Hüllen, W.; Raasch, A.; Zapp, F.J., Lernzielbestimmung und Leistungsmessung im modernen Fremdsprachenunterricht, Frankfurt 1976

Ingenkamp, K.; Marsolek, T. (Hrsg.), Möglichkeiten und Grenzen der Testanwendung in der Schule, Weinheim 1968

Kintsch, W., Notes on the structure of semantic memory, in: E. Tulving; W. Donaldson (Hrsg.), Organization of memory, New York and London 1972

Klauer, K.J., Einführung in die Theorie lehrzielorientierter Tests, in: K.J. Klauer (Hrsg.), Lehrzielorientierte Tests, Düsseldorf 1972

Klauer, K.J., Zur Theorie des binomialen Modells lehrzielorientierter Tests, in: K.J. Klauer (Hrsg.), Lehrzielorientierte Tests, Düsseldorf 1972

Klauer, K.J., Revision des Erziehungsbegriffs, Düsseldorf 1973

Klauer, K.J., Methodik der Lehrzieldefinition und Lehrstoffanalyse, Düsseldorf 1974

Klauer, K.J., Neuere Entwicklungen im Bereich der Lehrstoffanalyse –

Schwerpunkt Makroanalyse, in: Zeitschrift für Pädagogik 3/76 (1976), 387–398

Klauer, K.J.; Fricke, R.; Herbig, M.; Rupprecht, H.; Schott, F., Lehrzielorientierte Tests, Düsseldorf 1972

Klauer, K.J.; Fricke, R.; Herbig, M.; Rupprecht, H.; Schott, F., Lehrzielorientierte Tests. Beiträge zur Theorie, Konstruktion und Anwendung, Düsseldorf [3]1975

Kleber, E.W.; u.a., Beurteilung und Beurteilungsprobleme, Weinheim 1976

König, E., Theorien der Erziehungswissenschaften, Band 2, München 1975

Kriewall,T.E., Aspects and applications of criterion-referenced tests, Downers Grove, Ill.: Institute for Educational Research, 1972

Landa, L.N., Algorithmierung im Unterricht, Berlin 1969

Lienert, G.A., Testaufbau und Testanalyse, Weinheim [3]1969

Lord, F.M.; Novick, M.R., Statistical theories of mental test scores, Reading, Mass. 1968

Mager, R.F., Preparing objectives for programmed instruction, San Francisco 1962 (2. Auflage), deutsch: Lernziele und programmierter Unterricht, Weinheim 1965

Meskauskas, J.A., Evaluation models for criterion-referenced testing: views regarding mastery and standard-setting, in: Review of Educational Research 46,1 (1976), 133–158

Möller, Chr., Technik der Lernplanung, Weinheim 1969

Nedelsky, L., Absolute grading standards for objective tests, in: Educational and Psychological Measurement 14 (1954), 3–19

Novick, M.R.; Jackson, P.H., Statistical methods for educational and psychological research, New York 1974

Pawlik, K. (Hrsg.), Diagnose der Diagnostik, Stuttgart 1976

Payne, D.A., The specifications and Measurement of Learning Outcomes, Waltham/Mass. 1968

Popham, W.J.; Husek, T.R., Implications of criterion-referenced measurement, in: Journal of Educational Measurement 6 (1969), 1–9

Reulecke, W.A., Ein Poisson-Prüfmodell für die kriteriumsorientierte Testauswertung. Arbeitsbericht aus dem Teilprojekt Psychologie des Projektes »Gesamtschule« der Seminargemeinschaft für Bildungsforschung, Universität Osnabrück, Osnabrück 1975

Reulecke, W.A.; Jung, S., über Poisson-Entscheidungsverfahren in der pädagogisch-psychologischen Forschung am Beispiel der Entwicklung eines Curriculumelementes zum Kooperationsverhalten, in: W. Arlt; L.J. Issing (Hrsg.), Ergebnisse und Probleme der Bildungstechnologie. Beiträge zum 13. Symposion der Gesellschaft für programmierte Instruktion und Mediendidaktik, Berlin 1976

Reulecke, W.A.; Rollett, B., Pädagogische Diagnostik und lernzielorientierte Tests, in: K. Pawlik (Hrsg.), Diagnose der Diagnostik, Stuttgart 1976

Rüppel, H., Bayes-Statistik. Eine Alternative zur klassischen Statistik. Referat auf der 16. Tagung für Experimentelle Psychologie, Salzburg 1974

Rütter, Th., Formen der Testaufgabe, München 1973

Rumelhart, D.E.; Norman, D.D., The active structural network, in: D.D. Norman; D.E. Rumelhart (Ed.), Explorations in cognition, San Francisco 1975

113

Rupprecht, H., Konstruktion von Testaufgaben nach einem Verfahren von Bormuth, in: K. J. Klauer u. a., Lehrzielorientierte Tests, Düsseldorf 1972

Sachs, L., Statistische Auswertungsmethoden, Berlin 1968

Schlosser, G., Über einen quantitativen Parameter für den Schwierigkeitsgrad des mathematischen Lehrstoffs und die sich daraus ergebenden pädagogisch-methodischen Folgerungen, Habilitationsschrift, Philosophische Fakultät der Friedrich-Schiller Universität, Jena 1968

Schott, F., Zur Präzisierung von Lehrzielen durch zweidimensionale Aufgabenklassen, in: K. J. Klauer (Hrsg.), Lehrzielorientierte Tests, Düsseldorf 1972

Schott, F., Lehrstoffanalyse, Düsseldorf 1975

Schott, F., Lehrstoffanalyse mit einem normierten Beschreibungssystem – Schwerpunkt Mikroanalyse, in: Zeitschrift für Pädagogik 3/76 (1976), 399–409

Schott, F., Uni-versus multioperationale Testung. Versuche zur Reduzierung der Aufgabenzahl bei kriteriumsorientierten Messungen, Teil I: Der multioperationale Ansatz, in: H. K. Garten (Hrsg.), Diagnose von Lernprozessen, Braunschweig 1977

Schreiner, G., Sinn und Unsinn schulischer Leistungsbeurteilung, in: Die Deutsche Schule 61 (1970)

Schwarzer, R., Die Bedeutung von lehrzielorientierten Tests für die Lösung von Beurteilungsproblemen, in: E. W. Kleber (Hrsg.), Beurteilung und Beurteilungsprobleme, Weinheim 1976

Sixtl, F., Die statistischen Grundlagen für einen vollautomatischen Prüfer, in: Zeitschrift für Entwicklungspsychologie und Pädagogische Psychologie 6 (1974), 28–38

Spada, H.; u. a., Denkoperationen und Lernprozesse bei der Lösung von Problemstellungen aus der Mechanik, in: L. Eckensberger (Hrsg.), Bericht über den 28. Kongreß der Gesellschaft für Psychologie. Saarbrücken 1972, Göttingen 1974

Spada, H., Modelle des Denkens und Lernens, Bern 1976

Stelzer, J., und E. Kingley, Axiomatics as a paradigm for structuring subject matter, in: Instructional Sciences 3 (1975), 393–450

Suppes, P.; Jerman, J.; Brian, O., Computer-assisted instruction: Standford's 1965–66 Arithmetic Program, New York 1968

Tröger, H.; Lüking, J., Validität und Fehlklassifikation bei Selektionsentscheidungen. Referat auf der 2. Bundeskonferenz für Schulpsychologie und Bildungsberatung, Freiburg 1974

Wald, A., Sequential analysis, New York 1947

Wantmann, M. J., Die Anwendung von Testergebnissen zur Verbesserung des Unterrichts, in: K. Ingenkamp; T. Marsolek (Hrsg.), Möglichkeiten und Grenzen der Testanwendung in der Schule, Weinheim 1968

Weber, E., Grundriß der biologischen Statistik, Jena 1967

Weintraub, S., Tables of the cumulative binomial probability distribution for small values of p, London 1963

Studien zur Lehrforschung

Herausgegeben von Karl Josef Klauer
und Hans-Joachim Kornadt

In dieser Reihe erscheinen empirische, theoretische und methodologische Untersuchungen, die von erziehungswissenschaftlich-syste-
matischem Interesse sind:

Empirische Erhebungen und experimentelle Untersuchungen zur
Lehr-, Lern- und Unterrichtsforschung;

theoretische Arbeiten über die genannten Bereiche, sofern sie grundsätzlich auf empirische Überprüfbarkeit hin angelegt sind;

methodologische Studien, um die Praxis der Lehr-, Lern- und Unterrichtsforschung zu fördern.

Band 1   Karl Josef Klauer u. a.
Lehrzielorientierte Tests
²1974. ISBN 3-590-14301-0

Band 2   Reiner Fricke
Über Meßmodelle in der Schulleistungsdiagnostik
1972. ISBN 3-590-14302-9

Band 3   Karl Josef Klauer
Das Experiment in der pädagogischen Forschung
1973. ISBN 3-590-14303-7

Band 4   Ralph W. Tyler
Curriculum und Unterricht
1973. ISBN 3-590-14304-5

Band 5   Karl Josef Klauer
Revision des Erziehungsbegriffs
1973. ISBN 3-590-14305-3

Band 6   Manfred Herbig
Differenzierung durch Fächerwahl
1974. ISBN 3-590-14306-1

Studien zur Lehrforschung

Band 7   Hans Meister
Lehrmethoden, Lernerfolge und Lernvoraussetzungen bei Studenten
1974. ISBN 3-590-14307-X

Band 8   Erika Schildkamp-Kündiger
Frauenrolle und Mathematikleistung
1974. ISBN 3-590-14308-8

Band 9   Ralf Schwarzer (Hrsg.)
Lernerfolg und Schülergruppierung
1974. ISBN 3-590-14309-6

Band 10   Karl Josef Klauer
Methodik der Lehrzieldefinition und Lehrstoffanalyse
1974. ISBN 3-590-14310-X

Band 11   Franz Schott
Lehrstoffanalyse
1975. ISBN 3-590-14311-8

Band 12   Ralf Schwarzer
Schulangst und Lernerfolg
1975. ISBN 3-590-14312-6

Band 13   Hans-Joachim Kornadt
Lehrziele, Schulleistung und Leistungsbeurteilung
1975. ISBN 3-590-14313-4

Band 14   Robert Glaser u. a.
Unterrichtspsychologie
1975. ISBN 3-590-14314-2

Band 16   Cordula Zumkley-Münkel
Imitationslernen
1976. ISBN 3-590-14316-9

Pädagogischer Verlag Schwann
4 Düsseldorf, Postfach 7640